Unscrewing the Big Leviathan

거대한 리바이어던을
분해하기

Unscrewing the Big Leviathan

브뤼노 라투르
미셸 칼롱
셜리 스트럼

이희우 옮김

문학과지성사

차례

일러두기

1. 이 책은 Michel Callon & Bruno Latour, "Unscrewing the Big Leviathan: How Actors Macro-Structure Reality and How Sociologists Help Them to Do So," in Karin Knorr-Cetina & Aaron V. Cicourel(eds.), *Advances in Social Theory and Methodology: Toward an Integration of Micro- and Macro-Sociologies*, London: Routledge & Kegan Paul, 1981과 Shirley Strum & Bruno Latour, "Redefining the Social Link: From Baboons to Humans," *Social Science Information* 26(4), 1987 그리고 Bruno Latour, "How to Write 'The Prince' for Machines as well as for Machinations," in Brian Elliott(ed.), *Technology and Social Process*, Edinburgh: Edinburgh University Press, 1988을 우리말로 옮긴 것이다. 이 논문들은 모두 영어로 먼저 출간되었으며, 따라서 영어판을 저본으로 삼아 번역했다. 번역상 필요한 경우 부분적으로 프랑스어판을 참조했다.

2. 옮긴이가 본문 중에 내용을 덧붙인 경우에는 '〔 〕'로 묶어 표시했다.

3. 책 뒤편에 있는 주석은 원저자들의 것이며, 본문 하단의 각주는 독자의 이해를 돕기 위해 옮긴이가 덧붙인 것이다.

4. 원문에서 강조된 부분은 고딕체로 표시했다.

거대한 리바이어던을 분해하기

: 행위자들은 어떻게 현실을
  거시적으로 조직하는가, 그리고
  사회학자들은 어떻게 그들이
  그렇게 하도록 돕는가

우리가 잘 대답하지 못한 문제들에 날카로운 비평을 해준 존 로John
Law, 셜리 스트럼, 카린 크노어−체티나, 뤼시앵 카르피크Lucien Karpik,
뤼크 볼탕스키Luc Boltanski에게 특별한 감사를 전한다.

너는 그 살가죽을 가시 돋친 창으로 채울 수 있느냐?/네 손을 그 위에 얹고 싸움을 기억해보라 다시는 싸울 생각을 못하리라/〔……〕/그것을 흥분시킬 만큼 담대한 자 없는데 하물며 그 누가 내 앞에 나설 수 있느냐?

—「욥기」41장 7~8, 10절

1. 홉스의 역설

출발점: "만인에 대한 만인의 투쟁"[1]으로 묘사되어온 무자비한 자연 상태에서 아무런 법도 없이 살아가는 동등한 다중, 이기적 인간. 어떻게 이러한 상태가 끝맺게 되는가? 이에 대한 홉스의 답은 잘 알려져 있다. 한 사람 한 사람이 모든 타인과 계약을 맺음으로써, 그리고 그 계약이 다른 누구에게도 얽매이지 않는 한 인간 혹은 집단에 모두를 대표해 말할 권리를 부여함으로써. 권리를 부여받은 한 인간 혹은 집단은 계약으로 연결된 다중이 '당사자author'인 계약의 '대리인actor'이 된다.[2] 따라서 '권한을 부여받은authorized'[3] 군주는 다른 이들의 정체가 무엇인지, 그들이 무엇을 원하는지, 그들의 가치가 얼마인지 말하는 한 사람이 되고, 모든 빚의 회계사, 모든 법의 보증인, 재산 등록부의 기록자, 지위·의견·판단 그리고 통화를 관

장하는 최고 측정자가 된다. 한마디로 주권자는 리바이어던이 된다. 즉 "하느님 아래서 우리가 평화와 방위를 의존하는 지상의 신"이 된다.[4]

홉스가 제안한 해답은 정치철학의 관심사이면서 사회학에도 큰 중요성을 지니는데, 처음으로 미시 행위자와 거시 행위자의 관계를 명확히 공식화했기 때문이다. 홉스는 미시 행위자와 리바이어던 사이에 있는 층위나 규모의 차이는 모두 거래의 결과라고 보았다. 홉스가 말하길, 다중은 정치적 몸체의 형식Form인 동시에 내용Matter이다. 이 인공적 몸의 건설은 다음처럼 계산된다―절대군주는 다중이 지닌 소망의 총합 이상도 이하도 아니다. "리바이어던"이라는 표현은 종종 '전체주의적 괴물'과 유사한 뜻으로 여겨지지만, 홉스에게 리바이어던은 그 자신의 권한에 의해서는 아무 발화도 하지 않는 존재다. 그는 다중이 부여한 것 외에는 아무것도 말하지 않는, 가면을 쓴 증폭기이자 대변인일 뿐이다.[5] 군주는 본성적으로든 기능적으로든 인민people 위에 있지 않고, 더 높거나 위대하거나 여하간 다른 어떤 실체substance가 아니다. 그는 다른 '상태state'―마치 우리가 기체 상태나 고체 상태라고 부르는 것처럼―에 있는 인민 자체다.

이 추론은 우리의 논의에 너무나 중요하므로, 이 논문에서 그 귀결을 충분히 설명하고자 한다. 홉스는 행위자들 사이에 본성에 내재하는 차이는 없다고 말한다. 층위, 크기, 범위상의 모든 차이는 투쟁이나 협상의 결과일 뿐이다. 우리는 거시 행위자(기관, 조직, 사회 계급, 당, 국가)와 미시 행위자(개인, 모임, 가족)를 그들 자체의 크기에 근거해서는 구별할 수 없는데, 행위자들이 말하자면 모두 '같은 크기'이기 때문이거나 아니면 차라리 '크기'가 대체로 그들의 분쟁에 달린 것이며 분쟁의 중요한 결과이기 때문이다. 홉스에게—그리고 우리에게도—문제는 거시 혹은 미시 행위자를 분류하거나, 이전에 알던 것과 나중에 알게 된 것을 조화시키는 일이 아니라 오래된 질문을 새로 제시하는 일이다. '미시 행위자는 어떻게 거시 행위자가 되는가?' 즉 다수의 인간은 어떻게 '한 인간처럼' 행동할 수 있는가?

홉스가 제기한 이 문제의 독창성은 그의 해답—사회계약—에 의해 부분적으로 흐려지고 말았다. 역사학과 인류학, 오늘날의 동물행동학은 그러한 [총체적] 사회계약이 불가능함을 입증해왔다. 반대로 계약은 번역[6]이라는 더 일반적인 현상의 특수한 사례일 뿐이다. 번역을 통해 우리는 모든 협상, 음모, 계산, 설득과 폭력의 행위를 이해할 수 있다.[7] 번역 덕분에 한 행위자나 힘은 다른 행위자나 힘의 이익을 대신하여 말하고 행동할 권한을 얻거나 스스로에게 그 권한을 부여할 수 있다.[8] "우리의 이해관계는 같아." "내가 원하는 것을 해." "넌 나를 통하지 않고서는 성공할 수 없어"[라고 번역을 통해 말할 수 있게 된다]. 행위자는 '우리'라고 발화할 때마다 다른 행위자를 단일한 의지—자신이 그것의 정신이나 대변자가 되는 의지—로 번역하고 있다. 그는 더 이상 자신만을 위해서가 아니라 여럿을 위해 행동하기 시작한다. 그는 더 강해진다. 그는 성장한다. 사회의 기원에 [있었던 것으로 가정된] 사회 계약은 다수의, 세세한, 매일의 협상들에서 경험적이고 가역적인 방식으로 나타나는 번역의 과정을 법적 용어로, 최종적으로, 전부 아니면 무의 형식으로 나타낸 것일 뿐이다. 홉스의 해답에 독창성을 다시 불어넣기 위해서는 단지 계약을 번역의 과정들로 대체하면 되고, 그렇게 리바이어던은 자라나기 시작할 것이다.

이 글의 목표는, 홉스의 중심 가설을 유지하면서 계약을 번역이라는 일반 법칙으로 대체했을 때 사회학은 무엇이 될지를 보여주는 데 있다. 미시 행위자와 거시 행위자 사이의 크기 차이를 해명하고 분석하는 것이 목표라면, 우리는 사회를 어떻게 묘사할 수 있을까?

우리가 리바이어던을 묘사하기 위해 도입하는 방법론적 제약이 오해되어서는 안 된다. 우리가 '개인들'과 '제도들'을 구별하려 한다면 완전히 요점을 잃어버리게 될 테다. 그런 식으로 생각한다면 심리학의 영역에 갇히거나 경제사에 갇히고 말 것이다.[9] 물론 거시 행위자와 미시 행위자가 있다. 하지만 그들의 차이는, 거시 행위자가 미시 행위자보다 더 크고 우세하다고 선험적으로 가정한다면 **분석할 수 없게 될 네트워**

크의 구성과 권력관계에서 생겨난다. 이러한 권력관계와 번역 과정은, 모든 행위자가 동형적isomorphic이라는 홉스의 기묘한 가정을 따를 때 오히려 더 명확하게 다시 드러난다.[10] '동형적'이라 함은 모든 행위자가 같은 크기를 가진다는 뜻이 아니라, 행위자의 크기는 오랜 분투의 결과이기 때문에 선험적으로 그것을 결정할 방법이 없다는 뜻이다. 이를 이해하는 가장 좋은 방법은 행위자를 네트워크로 고려하는 것이다. 두 네트워크 중 하나는 거의 한 점에 제한되어 있고 다른 하나는 국가 전체에 이른다 하더라도, 정확히 〔홉스가 말하는〕 군주가 다른 이들 중 한 명이면서 다른 모든 이들의 인격화일 수 있는 것처럼 두 네트워크는 비슷한 형태일 수 있다. 재무가의 사무실이 구두 수선가의 가게보다 더 크지는 않으며, 그의 뇌, 그의 문화, 친구들의 네트워크, 그의 세계 역시 마찬가지다. 〔그러나〕 후자는 '단지' 한 사람일 뿐인데 전자는 흔히 말하듯 '큰 사람great man'이다.

자신들이 씨름하는 것이 거시 행위자냐 미시 행위자냐, 리바이어던이냐 사회적 상호작용이냐, 문화냐 개인적 역할이냐에 따라 사회학자들은 너무 자주—마치 〔말을 바꾸는〕 정치인이나 익명의 응답자처럼—그들의 분석 틀framework을 바꿔왔다. 사회학자들은 분석이 진행되는 와중에 분석 틀을 변경함으로써 권력관계를 확정하고, 그런 방식으로 승자를 돕고 패자에는 '패배자에게는 비애뿐vae victis'이라는 태도로 굴었다.

이 문제는 이 저작물의 기고자들*이 주장하는 것처럼 이제 더 긴요해지고 있다. 오늘날 어떤 사회학자도 거시 행위자와 미시 행위자를 같은 도구와 논증을 사용해 설명하지 않기 때문이다. 사회학자들은 미시사회학적 분석과 거시사회학적 분석이 다른 층위의 일이라고 당연하게 받아들인다. 그러면서도 광범위한 종합으로 그들을 조화시키기를 원하겠지만 말이다.[11]

우리가 보기에, 사회학자들은 너무 자주 문제에 잘못 접근하는 것 같다. 거시 행위자가 정말로 존재한다고 믿든 아니든 마찬가지다. 존재한다고 믿는 경우, 사회학자는 그들을 더 왕성하게 자라게 도움으로써 행위자의 힘을 예측하려 한다.[12] 반대의 경우에는 그러한 행위자의 존재를 부인하고, 심지어 우리에게 그들(그들이 정말로 존재한다 해도)을 연구할 권리를 허용하지 않을 것이다.[13] 서로 대치되지만 대칭적인 이 두 오류는 동일한 전제로부터 기인한다. 즉 행위자들이 다르거나 같은 크기일 것이라는 기정사실을 받아들이는 데서 기인한다. 우리가 이러한 전제를 거부한다면 그 즉시 홉스의 역설

* 이 글은 카린 크노어-체티나와 에런 빅터 시쿠럴이 편집한 『사회 이론과 방법론의 모색: 미시사회학과 거시사회학의 통합을 향하여』(1981)라는 논문집에 처음 실렸다. 그 책에는 롬 하레, 앤서니 기든스, 니클라스 루만, 위르겐 하버마스, 피에르 부르디외 등 걸출한 사회학자들의 글이 함께 실려 있다.

을 다시 마주하게 된다. 즉 반드시 검토되어야 하는 거래(번역)의 수단들을 배제한다면, 어떤 행위자도 다른 행위자보다 크지 않다. 이 글에서 우리는 홉스의 역설에 충실하게 머무를 때 예의 대칭적 오류를 피할 수 있을 뿐만 아니라 리바이어던이 어떻게 커지는지 이해할 수 있음을 보여줄 것이다.

2절에서 우리는 다음 역설을 해결하려 한다. 모든 행위자가 동형적이라면, 즉 어떤 행위자도 본성상 다른 행위자보다 크거나 작지 않다면, 어떻게 그들은 결과적으로 거시 행위자나 개인이 되는가? 3절에서 우리는 행위자들의 영고성쇠 방식을 설명하고, 우리가 제안하는 방법론이 어떻게 분석 틀을 변경하지 않고도 행위자의 크기 변동을 추적할 수 있게 해주는지 설명할 것이다. 마지막으로 결론에서는 상대적 크기의 변동에 미치는 사회학자들의 역할을 더 상세히 살펴볼 것이다.

2. 개코원숭이 혹은 불가능한 리바이어던

홉스의 리바이어던 설화에서 눈을 돌려 다른 설화를 이야기해보자. 즉 불가능한 원숭이-리바이어던에 대해, 혹은 야생 개코원숭이 무리에서 거시 행위자를 구축하는 일의 어려움에 대해.[14] 홉스는 사회가 오직 인간에게서만 출현한다고 믿었다.[15] 동물 무리가 충분히 자세히 조사되고 나서야 인간에게만큼이나 유인원, 개미, 들개에게도 사회의 창발에 대한 이론이 명확히 적용될 수 있게 되었다. 그때까지 인간에게만 사회가 있다는 믿음은 오래 지속되었다.

〔그러한 믿음이 가정하는〕 먹고, 짝짓기하고, 울부짖고, 털과 송곳니가 뒤엉킨 혼돈 속에서 다른 짐승과 놀거나 싸우는 '무질서한' 거친 짐승의 무리는 분명 홉스가 상정한 '자연 상태'에 거의 부합한다. 의심할 여지 없이 개코원숭이의 삶은 "궁핍하고 불결하고 야만적이며 짧다."[16] 이 총체적 무질서의 이미지는 처음부터 인간 사회와 짐승다움, 사회질서와 혼돈을 대조하기 위해 만들어졌을 테다. 최소한 이 이미지는 사람들이 실제로 직접 보고 연구하기 전에 동물들을 어떻게 상상했는지 보여준다.

1950년대 들어서야 집중적으로 연구되긴 하지만, 제2차 세계대전 전부터 사람들은 개코원숭이를 연구하기 시작했다. 관찰자들이 각자 자신의 설명 속에서 홉스의 리바이어던을 재구성했다.[17] 개코원숭이는 더 이상 무질서한 무리 속에 살지 않는다. 그들은 엄격한 위계질서에 따라 조직된, 우세한 수컷이 암컷과 자식을 거느리는 완고한 코호트 속에 살기 시작한다. 1970년대에 원숭이 사회의 피라미드형 이미지는 점차 (더 유연하고, 자유롭고, 복잡하다고들 말하는) 인간 사회의 〔단면을 보여주는〕 포장지처럼 되어갔다. 그렇게 30여 년 동안 유인원 연구는 〔인간을〕 투사하는 시험장으로 활용되어왔다. 처음에는 '야만적인 혼돈'으로 보였던 것이, 탐색을 통해 거의 전체주의적인 엄격한 체계로 드러났다. 개코원숭이는 리바이어던을 재구성하고 '만인에 대한 만인의 투쟁'을 '절대복종'으로 대체했다.

그러나 원숭이들에게 더 가까이 다가간 탐구자들은 점차 다른 리바이어던을 고안했다. 개코원숭이는 사실 조직화되어 있다. 즉 거기서 모든 것이 동등하게 가능하지는 않다. 가령 한 동물은 그저 아무 동물에게나 가까이 가지 않는다. 동물은 이유 없이 다른 동물을 책임지거나 보살피지 않는다. 무작위로 옮겨 다니지도 않는다. 동물은 그들이 원하는 곳 어디든지 갈 수는 없다. 그러나 이 조직은 결코 통합적인 체계를 이룰 만큼 완고하지는 않다. 관찰자들이 개코원숭이를 더 잘 알기 위해 다가가자, 적어도 수컷의 경우에 지배계급은 더 유연해지다 끝내 사라져버렸다.[18] 유인원의 공격성은 드물어졌다. 개코원숭이는, 마침내 개코원숭이 무리가 놀랍게도 '시민'이 될 때까지 변화되고 사회화되는 것으로 보였다. 관찰 결과, '만인에 대한 만인의 투쟁'을 추동하는 그 유명한 기본 충동들〔자기 보존욕〕—먹기, 짝짓기, 지배, 재생산—은 사회적 상호작용에 참여하기 위해 끊임없이 유예되고 중단되고 회절되었다. 거기엔 혼돈도 없지만, 완고한 체계 역시 없었다. 이제 개코원숭이는 단체들 속에 사는데, 그중 어떤 것도 완고하지도, 유연하지도 않다. 게다가 규모, 성별과 나이, 사회적 연계의 차이는 가족, 씨족, 우정 네트워크, 심지어 전통과 관습으로 인한 습관의 결과다. 이 중 어떤 범주도 그들이 모두 함께 참여하기 전에는 명확히 규정되지 않고, 다시 분해되지도 않는다. 이제 관찰자들은 개코원숭이 사회를 '야만적 짐승의 혼돈'이라고 생각하는 사람들의 상상보다는 훨씬 견고한 물성을 지닌 것으로, 그러나 전후戰後 관찰자들의 생각보다는 한없이 유연한 것으로 구성한다.

개코원숭이 사회가 매우 유연한 동시에 아주 촘촘히 짜여 있다면, 이에 따라 놀라운 가설이 도출된다. 즉 원숭이들이 그처럼 '복잡한 사회'의 조직fabric을 수선하고 달성하며 끊임없이 통합할 수 있게끔 원숭이들에게 점점 더 광범위한 사회적 기술이 부여되어야 했다는 것이다.[19]

그러한 가설에 따라 만들어진 새로운 사회에서 개코원숭이의 삶은 결코 쉽지 않다. 다시 말해, 민속방법론적ethno-methodological* 작업을 통해 밝혀낸 우리 인간의 삶보다 수월

---

*   민족지ethnography와 구분하기 위해 ethnomethodology를 '민속방법론'으로 옮겼다. 민속방법론은 사람들이 일상적으로 상호작용하고 의사소통하는 방식을 이해하기 위한 사회학 이론으로, 미국의 사회학자 해럴드 가핑클Harold Garfinkel(1917~2011)이 그 선구자 중 하나다. 일상적 상호작용에서 사용되는 암묵적 규칙, 전제, 의미 등을 밝히기 위해 특정 상황 속에서 사람들이 어떻게 행동하는지 연구한다.

하지 않다. 개코원숭이는 누가 누구인지, 즉 누가 우세하고 누가 열세인지, 누가 무리를 이끌고 누가 따르는지, 누가 물러서서 누구에게 길을 내줘야 하는지 끊임없이 결정해야만 한다. 게다가 그가 도움을 받을 수 있는 것이라고는 수많은 요소를 평가하기 위해 형성된 흐릿한 논리의 집합뿐이다. 민속방법론자가 말하듯, 매 순간이 지표성을 바로잡는 데 필수적이다. 누가 부르는가? 무엇이 말하기를 원하는가? 표식도 없고, 의복도 없고, 신중하게 고려된 기호도 없다. 물론 많은 기호, 으르렁거림, 힌트가 존재하긴 하지만 그중 어떤 것도 충분히 분명하지 않다. 오직 맥락만이 말해줄 테지만, 맥락을 단순화하고 평가하는 일은 끝나지 않는 골칫거리다. 바로 이런 이유로 이 동물들은 오늘날 우리에게 묘한 시사점을 던져준다. 미개간지 깊숙이 살 때〔조사되고 탐사되기 전에〕, 그들이 생각해야 할 것이라고는 먹는 것과 짝짓기뿐이었다. 하지만 〔탐사되고 난 후에〕 그들이 주의를 기울이는 것이라고는 그들의 관계를 안정화하는 것, 혹은 홉스라면 이렇게 말했을 텐데, 더 내구성 있게 몸과 몸을 결속하는 것뿐이다. 우리가 하는 만큼 개코원숭이들도 그들의 주변이자 주거지인, 업무이자 사치품인, 놀이이자 운명인 사회를 건설하고 있다.

단순하게 말하자면, 개코원숭이는 '사회적 동물'이다. 알다시피 '사회적social'이라는 단어는 라틴어 'socius'에서 유래했는데, 이 단어는 '뒤따르다'라는 뜻을 지닌 'sequi'와 가깝다.

가장 먼저 뒤따름이 있고, 그다음 동맹이 형성되거나 모집되며, 그러면 공동의 무언가를 갖고 공유하게 된다. 여럿이 하나의 전체처럼 행동할 때, 거기에 사회적 연계가 있다. 개코원숭이는 서로 따르고 등록하며enrol* 동맹을 형성하는가 하면, 특정한 연계와 영토를 공유한다는 의미에서 다른 모든 사회적 동물처럼 사회적이다. 하지만 우리가 지표성을 수정할 수 있도록 민속방법론자들이 허용한 도구와 절차만으로 동맹과 연계, 구획을 유지하고 방어할 수 있다는 점에서도 그들은 사회적이다. 그들은 다른 몸들에 영향을 미치면서 몸들의 연계를 끊임없이 안정화한다.[20]

홉스가 요구한 조건대로 살아 있는 신체 자체가 리바이어던의 형식인 동시에 내용인 것은 오직 개코원숭이들뿐이다. 하지만 이 경우 어떤 귀결이 따르는가? 리바이어던은 없다. 이제 우리는 다음과 같은 핵심 질문을 제기해야 한다. 만약 개코원숭이가 홉스의 조건들을 충족하면서 견고한 리바

*   행위자 네트워크 이론에서 등록enrollment은 중요한 개념이다. 행위자가 다른 행위자를 자신의 프로젝트에 끌어들여 '역할roll'을 부여하고 동맹을 맺는 과정을 뜻한다. '포섭'과 비슷한 의미라고 볼 수 있다. 이 글에서도 enrol은 타자를 자기편으로 끌어들이는 과정과 행위 전반을 지칭하는 말로 쓰이고 있다. 문맥상 어색한 부분이 있지만, 저자들의 특유한 용법과 기존의 번역을 고려하여 이 글에서도 일관되게 '등록'으로 옮겼다. 등록에 대한 설명으로는 미셸 칼롱, 「번역의 사회학의 몇 가지 요소들」, 브루노 라투르 외, 『인간·사물·동맹』, 홍성욱 엮음, 이음, 2010, pp. 77~81 참조.

이어던이나 내구성 있는 거시 행위자가 없는 사회의 광경을 우리에게 보여준다면, 인간 사회 어디에서나 형성되는 것으로 보이는 견고하고 내구성 있는 거시 행위자들은 실제로 어떻게 구성된 것인가?

홉스는 리바이어던이 몸들로 건설될 수 있다고 생각했지만, 그때 그는 오직 개코원숭이에 관해 이야기하고 있었을 뿐이다. 만약 몸들이 사회적 몸체의 형식이면서 내용일 따름이라면, 그가 말하는 리바이어던은 결코 건설될 수 없다[내구성 있는 거시 행위자를 건설하기 위해서는 몸들이 아닌 다른 것이 더 필요하다]. 사회를 안정화하려면 누구든—인간이든 원숭이든—그것을 형성한 상호작용보다 더 오래 지속되는 연합들에 참여할 필요가 있다는 점에서 같지만, 동원되는 전략과 자원이라는 측면에서는 개코원숭이 사회와 인간 사회 간에 차이가 있다. 예를 들어, 개코원숭이처럼 동료, 부모, 친구의 몸에 직접 행위를 하는 대신, 누군가는 동료, 부모, 친구에게 내구성 있는 방식으로 작용하는 더 견고하고 덜 가변적인 물질의 도움을 받을 수 있다. 자연 상태에서는 누구도 모든 연합coalition에 저항할 만큼 충분히 강하지 않다.[21] 하지만 당신이 자연 상태를 변형한다면, 불확실한 동맹을 가능한 한 장벽과 계약서로 대체한다면, 서열을 제복과 문신으로 대체한다면, 또 가역적인 우정을 이름과 기호로 대체한다면 당신은 리바이어던을 얻을 수 있다. "그의 비늘은 그의 자랑이도다,

튼튼하게 봉인하듯이 닫혀 있구나./그것들이 서로 달라붙어 있어 바람이 그 사이로 지나가지 못하는구나./서로 이어져 붙었으니 나눌 수도 없구나."(「욥기」41장 15~17절)

미시 행위자가 상대적으로 큰 상태에 도달하려면, 몸뿐만 아니라 극히 많은 내구성 있는 물질을 모집할 수 있어야 한다. 그는 거대함과 지속성을 창조하면서 타자를 상대적으로 작고 잠정적인 것으로 만든다. 거시 행위자와 미시 행위자를 나누는 차이의 비밀은, 정확히 분석들이 종종 무시하는 것에 있다. 영장류학자들은 개코원숭이들이 자신의 세계를 안정화하는 데 인간 관찰자가 사용하는 도구를 전혀 사용할 수 없다는 사실은 말하지 않는다. 홉스는 어떤 약속도, 아무리 엄숙한 약속이라도 계약 당사자들에게 복종을 강요할 만큼 겁을 줄 수는 없다는 사실을 말하지 않는다. 홉스는 주권자를 가공할 존재로 만들고 계약을 엄중하게 만드는 것이 그의 이야기에 나오는 궁전과 그 주위를 둘러싸고 잘 무장한 군대, 필경사와 그가 쓸 기록 장비들이라는 점을 말하지 않는다.[22] 민속방법론자들은 인간 사회에 있는 맥락의 애매성이, 자신들이 한 꼭지로만 다루는 도구와 규정, 장벽과 객체 전반에 의해 경감된다는 사실을 분석에서 빠뜨린다. 우리는 이제 그들의 분석이 생략한 것들을 모으고 몸과 물질, 담론, 기술, 느낌, 법, 조직을 모집하는 전략을 동일한 방법으로 설명해야 한다. 주제를 사회적/기술적, 인간/동물 혹은 미시적/거시적이라는 이분법으로 나누는 대신, 우리는 분석에서 **저항률의 증감만을** 염두에 두고 다른 여러 종류의 물질들에서 상대적인 견고함과 내구성의 정도만을 고려할 것이다.

상이한 내구성을 지닌 물질들을 연합함associating으로써 실천들의 집합은 어떤 위계질서 속에 자리 잡고 안정되어 더 이상 고려할 필요가 없어진다. 오직 이러한 방식으로 누군가는 '성장'한다. 리바이어던을 건설하기 위해서는 관계, 동맹, 우정보다 약간 더 많은 것을 등록해야 한다. 행위자는 '블랙박스'에 넣을 수 있는 관계의 수만큼 성장한다. 블랙박스에는 더 이상 다시 고려할 필요가 없는 것들, 그 내용물에 관심을 기울일 필요가 없게 된 것들이 들어 있다. 더 많은 요소—사고방식, 습관, 힘, 객체—를 블랙박스에 담을수록 그는 더 광범위한 것을 구성할 수 있다. 물론 개코원숭이의 특정 사례에서처럼, 블랙박스는 결코 완전히 닫힌 채로 유지되거나 완벽히 봉인될 수는 없다. 그러나 거시 행위자들은 마치 그것이 닫혔거나 보이지 않게 된 것처럼 행동할 수 있다. 비록 민속방법론자들이 보여주었듯 우리 모두 구멍 뚫린 블랙박스를 닫으려고 끊임없이 애쓰고 있을 뿐이지만, 그럼에도 말할 수 있는 건 거시 행위자가 모든 것과 **동등한 강도로 협상해야** 하지는 않는다는 점이다. 거시 행위자는 다른 이와 협상하는 동시에 어떤 힘을 발휘하고 계산할 수 있다. 이를 해내지 못한다면 그들은 사회 세계를 단순화하지 못할 것이다. 〔그 경우〕 기계론적으로 말해서 그들은 기계를 만들 수 없는데, 이때 기계란 지속적인 의지의 행사를 숨겨 스스로 움직이는 힘을 가졌다는 인상을 주는 것을 말한다. 논리학적으로 말해서 그들은 논증의 사슬 chains of arguments을 만들어낼 수 없는데, 이때 논증의 사슬이란 특정 전제들을 거치는 논의를 안정화하여, 다른 요소들 사이에 질서를 수립하거나 추론을 가능하게 하는 것을 말한다.

만약 '블랙박스'라는 표현이 상자 더미를 닫고 보이지 않게 밀봉하는 힘을 설명하기에 너무 경직되게 느껴진다면, 또 다른 비유를 사용할 수도 있다. 홉스가 워딩턴*을 읽었다면 사용했을지도 모르는 비유다.[23] 수정受精의 첫 순간에는 모든 세포가 다 똑같다. 그러나 이내 후성적 풍경epigenetic landscape이 형성되는데, 이때 거의 돌이킬 수 없는 경로들이 생겨나며 이를 '크레오드chreods'라 부른다. 그렇게 세포 분화가 일어난

---

*   콘래드 할 워딩턴(1905~1975)은 영국의 생물학자이자 발생생물학·후성유전학의 선구자다. 후성유전학은 DNA 서열상의 변화 없이 발생하는 유전자 발현의 다양한 변화를 연구하는 생물학 분야다. '후성적 풍경'은 유전자의 발현과 세포 분화 과정을 시각적으로 설명하기 위해 워딩턴이 제안한 비유다. 이 비유에서 '풍경'은 울퉁불퉁한 언덕이나 계곡처럼 다양한 경로를 가지며, 세포가 어떤 형질로 분화할지 결정하는 여러 가능성(경로)과 요인을 아우른다. '크레오드'는 세포가 어떤 기관을 형성하기 위해 통과해야 하는 필수적인 발달 경로를 의미한다. 즉 그것은 후성적 풍경에서 가장 견고하고 깊은 골짜기들을 의미한다. 크레오드는 라투르와 칼롱이 이야기하는 '필수통과지점obligatory passing point'과 대응하는 생물학 개념이다.

다. 블랙박스라는 말을 쓰든 크레오드라는 말을 쓰든, 우리는 비대칭성의 탄생에 관해 말하고자 한다. 우리는 분화가 결코 완전히 돌이킬 수 없을 정도로 특정화되지는 않는 신체, 그러나 각 세포가 다른 세포들을 돌이킬 수 없을 정도로 특정화하려 하는 장소인 신체, 많은 기관organs이 프로그램의 핵심부가 되기 위해 영구적으로 쟁투하는 곳인 신체를 상상해본다. 그러한 괴물을 상상한다면, 우리는 성장하는 것을 눈앞에서 언제든지 볼 수 있는 리바이어던의 신체에 대해 상당히 명확한 관념을 갖게 되는 셈이다.

앞서 소개한 역설은 이제 해결되었다. 행위자들이 모두 동형적임에도 다른 크기를 갖게 되는 이유는, 어떤 행위자는 자신의 상대적 크기를 변화시키기 위해 더 많은 요소를 내구성 있게 블랙박스에 넣을 수 있기 때문이다. 다음의 방법적인 질문 역시 해결되었다. 어떻게 우리는 크기의 차이를 확정하지 않으면서 거시 행위자와 미시 행위자를 설명할 수 있을까? 대답은 다음과 같다. 사회가 아니라 행위자가 어떻게 지속적으로 비대칭성을 만들어내는지에 주의를 기울임으로써 그렇게 할 수 있다. 그 과정 중 일부는 때때로 '사회'(몸들의 연합)라 불리는 연합으로, 다른 일부는 '기술'(물질들의 연합)로 이어진다는 점은 더 이상 문젯거리가 아니다. '블랙박스에 넣을 수 있는 것'〔기술〕과 '여전히 추가 협상의 여지가 있는 것'〔사회〕 사이의 차이는 이제 우리에게 달려 있다.

요약해보자. 거시 행위자는 수많은 (구멍 난) 블랙박스 상단에 자리 잡은 미시 행위자다. 그들은 미시 행위자보다 더 거대하지도, 더 복잡하지도 않다. 반대로 그들은 미시 행위자와 같은 크기를 지녔으며, 곧 논하겠지만 사실 미시 행위자보다 더 단순하다. 이제 우리는 리바이어던이 어떻게 구축되는지 사고할 수 있는데, 주인/거장masters의 상대적인 크기에 압도되거나 블랙박스의 어둠에 겁먹을 필요가 없다는 것을 알게 되었기 때문이다.

3. 기형학적 시론

홉스의 잔혹하면서 법률적인 리바이어던이나 개코원숭이들 사이에서 활동하는 '사바나의 털북숭이' 리바이어던에 대해서는 그만 이야기하자. 이제 우리는 현대적 맥락 속에 있는, 매우 구체적이고 거대하면서도 신화적인 괴물을 살펴보려 한다. 즉 프랑스전력공사Electricity of France, EDF와 르노자동차라는 두 행위자가 투쟁을 벌인 1970년대에 그들의 상대적 차원을 나누면서 그 사이에 자리 잡았던 방식을 살펴보겠다.[24]

우리가 부적절하다고 밝힌 통상적 구분(거시/미시, 인간/비인간, 사회/기술)을 대체하기 위해서는 앞에서 언급한 민속방법론적 원칙에 알맞은 용어들이 필요하다. '행위자'란 무엇인가? 자신을 둘러싼 공간을 구부리고, 다른 요소들을 자신에게 의존하게 하며, 그것들의 의지를 자신의 언어로 번역하는 모든 요소가 행위자다. 행위자는 습관적으로 사회 세계, 자연 세계라고 기술되어온 요소들과 개념들의 집합에 변화를 가져온다. 과거에 속하는 것이 무엇이고 미래를 구성하는 것은 무엇인지 진술함으로써, 무엇이 전에 오고 후에 오는지를 규정함으로써, 대차대조표를 만듦으로써, 연대기를 작성함으로써 행위자는 자신만의 시간과 공간을 주장한다. 행위자는 공간과 자신의 조직과 크기를, 수단과 가치와 규준을, (바로 게임 그 자체인) 게임의 내기물과 규칙을 규정한다. 그렇게 하지 않으면 더 강한 다른 행위자가 그를 승복시킬 것이다. 무엇이 본질적인가를 두고 벌어지는 이 분투는 드물지 않게 묘사되었지만, 어떻게 행위자가 이러한 비대칭성을 지속할 수 있는지, 어떻게 시간성과 공간성을 다른 행위자에게 부여할 수 있는지 알아내려고 노력한 이는 거의 없다. 원칙적인 수준에서 이 질문에 대한 대답은 간단하다. 행위자는 더 내구성 있는 요소들을 포집함capturing으로써, 자신이 구축한 잠정적 차이를 그것들이 대신하게 한다. 〔그럼으로써〕 약하고 가역적인 상호작용은 강한 상호작용으로 대체된다. 이전에는 행위자가 지배하던 요소들이 어느 방향으로든 빠져나갈 수 있었지만 이제는 그렇지 않다. 무더기의 가능성 대신에 우리는 힘의 선, 필수통과지점, 방향과 추론을 얻게 된다.[25]

3.1 프랑스전력공사와 르노자동차:
하이브리드와 키메라

이제 1970년대 초에 전기차를 도입하려고 분투했던 프랑스 전력공사(이하 EDF)의 사례를 살펴보자. EDF는 이상적인 전기차를 현실화하려고 새로운 영역에 진출한다. 그런 목적에 따라 EDF는 자연적인 것과 기술적인 것을 구분하여 세계를 총체적으로 재규정한다. EDF는 산업사회 전체의 발전을 블랙박스에 넣고 이를 자신의 이익을 위해 활용한다. 이 공기업의 이데올로그들에 따르면, 제2차 세계대전 후의 무분별한 소비 경향은 파국을 맞을 것이다. 그러므로 미래의 생산 방향은 인간의 행복과 삶의 질을 고려해야만 한다. 미래 사회에 대한 이런 전망을 바탕으로 이데올로그들은—성공의 상징이자 막다른 골목에 다다른, 성장을 위한 성장의 상징으로 더할 나위 없는—내연차가 종말을 맞아야 한다고 추론한다. EDF는 이 '불가피한' 사회경제적 발전으로부터 결론을 도출하여 내연차를 전기차로 점차 대체하자고 제안한다.

사회 세계의 발전을 규정한 후, EDF는 그 발전과 신중하게 구분되는 기술의 발전을 결정한다. 논쟁의 여지가 없고 불가피한, 새로운 블랙박스를 만든 것이다. EDF는 전기차를 전지電池와 관련된 문제로 고려하기로 한다. 일단 그렇게 전제하고 나서 EDF는 가능한 선택지를 구체화하는데, 이 선택지들은 함축적으로 '채널'이라 불린다. 각 채널과—항상 불가피하게—연계된 것은 일련의 절차, 실험실 및 산업 관계자들, 무엇보다 시간 순서chronology다. 납축전지는 이런저런 회사에서 적절하게 개발한다면 1982년까지 사용될 테고, 1982~90년은 아연-니켈 축전지와 아연-공기 순환 발전기의 시대가 될 것이다. 1990년부터는 연료전지가 상용화될 것이다. 이러한 선택의 시퀀스는 EDF의 엔지니어, 지휘자, 이데올로그 들이 손 닿는 대로 여기저기서 그러모은 상이한 맥락의 산만한 요소들로 구성된다. 이렇게 산만한 부분들로부터 EDF는 조율된 시퀀스와 채널의 네트워크를 생성해낸다.

EDF는 전반적인 사회 발전과 기술적인 채널 사이에 병렬적 연결을 만들어내는 데 그치지 않고, 산업가가 생산하고 싶어 할 수밖에 없는 제품과 고객·소비자가 느낄 수밖에 없는 수요를 간결한 언어로 번역하기 시작한다. EDF는 경상용차 부문에서 납축전지의 거대한 시장을 예견한다. 아연 축전지는 틀림없이 전기 택시 부문에서 선호될 것이며, 연료전지는 틀림없이 자가용 차 시장 전반을 장악할 것이다.

채널과 분기와 개발을 조직하는 힘을 통해 EDF는 단 몇 년 사이에 수많은 행위자의 깊은 욕망과 기술적 지식, 욕구와 경향을 번역하기 시작한다. 그렇게 EDF는 각각의 블랙박스, 신중하게 구획된 각각의 섬들이 화살표의 집합에 의해 다른 박스들과 연결되는 거대한 조직적 도표를 건설함으로써 현실을 구조화한다. 섬들은 닫혀 있고 화살표들은 명확하다. 그리하여 리바이어던이 구축된다. 그 행위자는 당신이 무엇을 원하는지, 당신이 5년이나 10년, 15년 후에 무엇을 할 수 있으며 어떤 순서로 하게 될지, 당신이 무엇을 소유하고 싶어 할지, 어떤 능력이 있는지를 당신에게 말해준다. 그리고 당신은 이를 정말로 믿으며, 그 행위자와 당신을 동일시하고, 그가 만들어낸 층위의 차이에 거부할 수 없이 이끌려 온 힘을 다해 그를 도울 것이다. 홉스가 묘사한, 보편적 전쟁 속 말들의 교환은 다음과 같은 방식으로 더 섬세하게 묘사되어야 한다. 행위자는 내가 원하는 것, 아는 것, 할 수 있는 것을 말하는 자이고, 가능한 것과 불가능한 것, 사회적인 것과 기술적인 것, 그것들의 병렬적 발전과 아연 택시와 우편 배달용 전기차 시장의 출현을 표시하는 자다. 그가 나의 형식화되지 않은 소망을 정확히 번역한다면, 그때 내가 원하는 바가 바로 그것인데 어떻게 저항할 수 있겠는가?

EDF와 같은 행위자는 리바이어던이 법률적으로가 아니라 실천적으로 어떻게 구축되는지를 명확하게 보여준다. 그것은 자연의 영역(촉매, 연료전지 내 그리드의 질감)과 경제의 영역(내연기관을 장착한 자동차의 가격, 버스 시장), 문화의 영역(도시 생활, 호모 아우토모빌리스, 환경오염에 대한 두려움)을 구분하지 않고 각 요소에 교묘하게 스며든다. 그것이 흩어진 모든 요소를 하나의 사슬로 묶으면서, 요소들은 해산될 수 없게indissociably 연계된다. 마치 일련의 추론이 펼쳐지거나, 어떤 체계가 개발되거나, 법이 적용될 때처럼 그 요소들을 통과하지 않을 수 없게 된다. 이 사슬 혹은 시퀀스는 다른 행위자가 누리는 기동의 여유, 그들의 위치와 욕구, 지식과 능력을 규정하는 하나의 크레오드 혹은 크레오드의 집합을 그려낸다. 그들이 원하고 할 수 있는 것이 채널링된다. 그리하여 모든 리바이어던과 마찬가지로 EDF는 점차 상호작용을 축적해나간다. 이제는 내용물 비슷한 무언가와 [내용물을 담는] 용기 비슷한 무언가가 존재하는데, 내용물은 유동적이며 용기는 안정적이다. 우리의 의지는 EDF의 수로와 네트워크로 흘러 들어간다. 수력공학자들이 설계한 암석과 콘크리트파이프를 따라 강물이 센강을 향해 돌진하듯, 우리는 전기 엔진을 향해 돌진한다. 홉스의 말과는 달리, 광물의 형성 과정에 빗댈 수 있는 이러한 작용 덕분에 어떤 행위자는 리바이어던의 몸의 형태Form가 되고 다른 행위자는 그 질료Matter가 된다.

그리고 이미 언급했듯 어떤 행위자도, 아무리 많은 것을 가졌다 해도 절대 혼자일 수 없다. 사회 세계를 꽉 채우고 역사를 총체화하며 의지를 통합한다고 해도 행위자는 결코 혼자가 될 수 없는데, 모든 행위자는 동형적이며 행위자들은 자신을 등록한 행위자를 이탈할 수 있기 때문이다. 예를 들어, 한 행위자는 이 필수 요소들을 광범위하게 연결하는 과정에서 EDF에 의해 역할이 재규정되었다. 당시 내연차를 생산하던 르노는 눈부신 미래를 앞둔 것처럼 보였고, 프랑스의 산업적 성공의 상징과도 같았다. 그러나 EDF가 르노의 운명을 바꿔 그 미래를 앗아갔다. 이제 르노는 도시 혼잡과 환경오염, 산업사회의 미래로 인해 몰락하는 산업을 상징하게 되었다. 이제 르노는 다른 회사들처럼 생산 목표를 변화시켜야만 한다. 르노는 이제 EDF가 계획한 전기차의 차체를 제작해야 한다. 이 겸손한 역할은 르노에게 안성맞춤이며, 르노가 원할 수밖에 없는 것에 부합한다. 따라서 르노는 프랑스의 나머지 산업들처럼 EDF의 요구에 맞춰 전기 중심의 미래로 나아가려 한다.

지금까지 우리는 EDF의 전망이 엔지니어들의 공상인지 아니면 현실인지 말하지 않았다. 사실을 말하자면 누구도 이를 선험적으로 분리할 수 없는데, 그 구분 자체가 행위자들이 분투하는 가장 근본적인 문제이기 때문이다. 바로 그 점에서 전기차는 '실재'다. EDF가 그들을 위해 설계한, 확고한 기반의 역할을 수행하기 위해 모이고 동원된 행위자들은 그 공기업이 제시한 층위의 차이를 충실히 고수한다. 그러나 이제 우리가 이 절에서 처음부터 설명하려 했던 것, 즉 〔거시와 미시라는〕상대적 차원이 어떻게 변화하는지를 이해하는 데 도움이 될 일이 일어난다.

몇 년 후면 르노는 자율적인 행위자로서는 사라지게 될

형편이다. 휘발유 엔진과 함께 그 기업은 망했고, 활동의 방향을 바꾸는 것 외에는 선택의 여지가 없다. EDF가 자기 주위에 투영한 풍경이 그 자체로 개조되지 않는 한 말이다. 그러나 그게 가능하겠는가? 처음 몇 년 동안 르노는 EDF의 예측에 맞서 싸우지 못한다. 모든 사람이 내연차가 망했다는 것에 동의한다.

어떻게 이 블랙박스를 열 수 있을까? 모든 사회학자가 동의하듯, 이제 아무도 내연차를 원하지 않을 것이다. 어떻게 상황을 반전시킬 수 있을까? 전기 생산과 유통을 독점하고 있는 기업의 시나리오에서 누가 기술적 맹점을 발견할 수 있겠는가? 이러한 상황에서 가능한 유일한 결론은 르노가 패하리라는 것이며, 내연차가 없는 새로운 풍경에 적응하기 위해 최선을 다해야 한다는 것이다. 그러나 르노는 사라지고 싶지 않다. 다시 말해 르노는 산업계의 사회적, 기술적 미래가 어떻게 될지 스스로 결정하면서 자율적이고 독립적인 상태로 남기를 원한다. EDF가 그렇게 확고하게 연합시키는 것을, 르노는 정말로 해산시키고 싶을 것이다. 그래서 르노는 구조물 edifice의 토대를 약화시키는 작업에 들어가면서 벽들을 샅샅이 조사하고 사라진 기반을 메우며 동맹자를 찾는다. 어떻게 EDF의 계획이 '구상 단계'에 그치도록 강제할 수 있을까?

　　EDF는 더 이상 아무도 내연차를 원치 않을 것이라고 진술했다. 그러나 휘발유 가격이 상승해도 자동차에 대한 수요는 항상 증가하고 있다. EDF가 강한 상호작용으로 묶었던 이 두 요소는 실제로는 해산될 수 있는 것으로 밝혀졌다. 기름값은 자동차 수요가 증가하는 동시에 상승할 수 있고, 공해와의 싸움이나 도시의 교통 혼잡이 발생하는 동시에 상승할 수 있다. 희망이 되살아난 르노는 소비자의 욕망을 다음처럼 다르게 번역하기 시작한다. 이제 소비자들은 어떤 비용을 치르더라도 전통적인 자가용 차를 원한다. 결과적으로 미래는 다시 한번 뒤바뀌는데, 그 미래에 전기차에 자연히 주어질 시장은 없다. 그렇게 소문이 난다. EDF 리바이어던이 해석한 자연법칙은 르노가 해석한 것과 다르다. (르노가 해석한 바에 따르면) 소비자는 전기차가 결코 도달하지 못할 속도, 편안함, 가속력 등의 성능을 본능적으로 원한다. 이미 EDF의 전제 중 하나가 뒤집혔고, 정도의 차이가 평평해지거나 메워졌으며, 블랙박스 하나가 열리고 모독당했다. 만약 사회 발전에 대한 EDF의 해석이 아귀가 맞지 않아 폐기될 수 있다면, 전기화학에 대한 지식도 그럴 수 있지 않겠는가? 어쩌면 기술적 요구역시 바뀔 수 있을지도 모른다.

르노는 EDF가 만들어낸 결합을 해산하는 긴 과업에 착수한다. 각각의 상호작용이 테스트를 거치고 모든 계산이 다시 이루어지며, 모든 블랙박스가 열린다. 엔지니어들을 다시 부르고, 실험실을 재방문하고, 기록을 재검토하고, 전기화학적 상태를 의문시한다. EDF는 특정한 정보를 단순화하여 취사선택했으며, 르노가 모순적이라고 생각하는 대량의 수치를 한데 섞었다. 이제 시간 순서는 흐트러진다. EDF에게 내연기관은 막다른 골목이었다. 반면 르노는 전기 기술을 사용하여 내연차를 수십 년 동안 대체 불가능한 수준으로 완성할 수 있음을 발견한다. 대조적으로, EDF는 아연 축전지와 관련해 '채널'을 언급했다. 르노는 수치를 다시 계산하고, 견적을 평가하고, 다른 전문가의 의견을 받은 후 아연 축전지를 기술적으로 보류하여, 그것이 EDF가 계획했던 것보다 훨씬 나중에, 기껏해야 몇몇 덤프트럭에만 적용될 수 있으리라고 축소한다. [EDF가 내연기관에 대해 했던 말과] 비슷하게, 르노에게는 EDF가 연료전지 채널이라고 부른 것이 '막다른 골목cul-de-sac'이다. 엔지니어들의 의지가 흘러 들어가는 크레오드였던 것이 이제 그저 메마른 구덩이가 되어버린다. 잘못된 기술 혁명을 지지하고 [축전지의] 촉매제 연구에 모든 희망을 걸었던 몇 연구소만 그 구덩이 속으로 굴러떨어졌을 뿐이다. 갑자기 진로를 바꾸는 중국의 강처럼, 수요와 기술적 채널도 이처럼 전환되곤 한다. 산업사회는 전기 중심의 미래를 향해 달려가고 있었다. 이제는 개선된 내연기관을 갖춘 자가용 차를 향해 장엄한 진로를 계속 이어가고 있다. 르노가 더 크게 성장하면서, 르노의 미래는 대결 이전보다 훨씬 장밋빛을 띤다. 반면 그만큼 EDF는 움츠러들었다. 교통수단을 규정하고 르노를 종속적 역할에 제한하려 했으나 이제 EDF는 장場에서 물러나 군대를 철수시키고, 엔지니어의 공상으로 건설된 세계를 재구성해야 했다.

3.2 사회학적 방법의 규칙들*

앞에서 기술된 대립은 행위자들의 크기, 실재와 비실재, 필연과 우연, 기술적인 것과 사회적인 것을 선험적으로 구분하지 않으면서 리바이어던이 어떻게 구축되는지 명확하게 보여준다. 기술의 상태부터 사회 체계의 본성, 역사의 전개, 행위자와 논리 자체의 차원에 이르는 모든 것은 리바이어던이 구축되는 근원적 투쟁에 포함된다. 사회학적 언어가 행위자

* 이 절은 사회학의 교과서적 고전인 에밀 뒤르켐의 『사회학적 방법의 규칙들』을 도발적으로 겨냥하고 있다. 뒤르켐은 사회의 '외재적 힘'을 조사 대상으로 삼음으로써 사회학을 근대적 학문으로 정립하려 했다. 그런데 그러려면 행위자보다 크고 견고하며 지속적인 사회적 사실이 '있음'을 먼저 가정해야 한다. 뒤르켐 역시 사회적 사실이 수수께끼이고 탐사되어야 할 대상이라고 보지만, 그러한 사실이 행위자들 '바깥에' 존재하면서 행위자들에게 영향을 미친다고 전제한다는 점에서 이 글의 저자들에게 비판의 대상이 된다. 칼롱과 라투르는 거시적 구조와 미시적 행위의 구분 자체가 행위자에 앞서 주어진 것이 아니라 행위자들의 분쟁에 의해 만들어진다고 본다. 즉 거시/미시 층위의 분화 과정이 곧 사회의 구성 과정이라는 것이다.

들 사이에 선험적 구분이 존재한다는 가정을 벗어나자마자, 이러한 분투가 리바이어던의 밑바탕에 있는 근본원리임이 드러난다. 그러나 사회학적 분석 역시 〔리바이어던을 구성하는 것에〕 포함되는데, 이 분석은 연합과 해산associations and dissociations을 좇으므로 행위자들이 연합과 해산을 일으키는 곳이라면 어디든 따라가기 때문이다. 행위자들은 수백만 명의 개인을 포함하는 블록으로 결속할 수 있으며 철, 모래알, 뉴런, 단어, 의견, 정동 등과 동맹을 맺을 수 있다. 그들이 실천하는 자유분방함만큼 자유롭게 추적할 수 있다면, 이 모든 것의 종류는 중요하지 않다. 인간과 인간끼리의, 철끼리의, 뉴런끼리의, 혹은 일정 규모의 요소들끼리의 연합처럼 특정한 유형의 연합에만 주목한다면 리바이어던을 분석할 수 없다. 사회학은 최소한 연합을 만들어내는 행위자들만큼 대담하게 모든 연합을 추적할 때 비로소 생생하고 생산적인 것이 된다.

우리가 방금 설명한 근원적 갈등에는 승자와 패자가 실제로 존재한다—적어도 한동안은 그렇다. 우리 방법의 유일한 관심사는 이러한 변이를 측정하고 승자를 가려낼 수 있느냐다. 이것이 우리가 행위자들을 같은 방식으로 살펴보고 비슷한 개념을 사용해 다뤄야 한다고 그토록 강조하는 이유다. 어떤 개념이, 행위자들이 각자 주장하는 필연성을 곧이곧대로 믿지 않으면서도 그들의 모든 연합과 해산, 승리와 패배를 설명할 수 있게 해줄까? 우리가 보았듯 행위자는 많은 요소를 확고하게 연합할수록 강해진다. 물론 다른 행위자가 등록한 요소들을 가능한 한 빠르게 해산시킬수록 강해진다. 그러므로 힘strength이란 결렬시키거나 한데 묶는 권력power이다.[26] 더 일반적으로 말해서, 세르가 아주 설득력 있게 보여주었듯[27] 힘은 간섭intervention과 난입interruption, 해석interpretation, 이해관계interest다. 행위자는 간섭할 수 있는 만큼 강하지만, 이때 '간섭'이란 무엇일까? 다시 〔홉스의〕 리바이어던을 떠올려보자. 당신도 평화를 원하고, 나도 마찬가지다. 그러니 계약을 맺자. 개코원숭이 사례로 돌아가보자. 세라는 견과류를 먹고 있다. 베스가 나타나 세라의 자리를 찬탈하고 견과류를 빼앗는다. EDF의 사례로 돌아가보자. 한 실험실에서 연료전지를 연구하고 있다. 엔지니어들은 질문을 받고, 그들의 지식은 다음처럼 단순화되어 요약된다. '우리는 15년 내로 연료전지를 갖게 될 것이다.' 이제 다시 한번, 리바이어던을 생각해보자. 우리는 계약을 맺었지만, 〔계약을〕 전혀 존중하지 않는 제삼자가 나타나 우리 둘에게서 무언가를 훔쳐 간다. 다시 한번 개코원숭이를 생각해보자. 세라는 충실한 친구 브라이언을 울음소리로 끌어들인다. 그는 이제 등록되었고, 베스에게 다가가 다시 찬탈한다. 떨어진 견과류를 브라이언이 손에 쥔다. 다시 한번 EDF를 생각해보자. 르노의 엔지니어들이 다시 문헌을 읽고 결론을 바꾼다. '15년 후에 연료전지는 없을 것이다.' 이 모든 것은 여전히 '모두에 대한 모두의 투쟁'*이다.

누가 최후의 승자가 될 것인가? 가장 많은 요소를 비가역적으로 연결해 연합시킴으로써 권력관계의 특정 상태를 안정화할 수 있는 자. 그렇다면 '연합'은 무엇을 말하는가? 이 질문에 답하기 위해서 우리는 다시 리바이어던으로 돌아간다. 두 행위자는 하나가 될 경우에만 해산할 수 없게 된다. 그러기 위해서는 그들의 의지가 같아져야 한다. 같음equivalences을 확보한 자는 권력의 비밀을 쥐고 있는 것이다. 같음의 상호작용을 통해 지금까지 흩어져 있던 요소들은 하나의 전체로 통합될 수 있고, 그 통합은 다른 요소들을 안정화하는 데 도움을 준다.

3.3 "그것을 흥분시킬 만큼 담대한 자 없는데
　　하물며 그 누가 내 앞에 나설 수 있느냐?"
　　(「욥기」41장 10절)

사회학자들이 드러낸 리바이어던과는 대조적으로, 홉스가 묘사한 리바이어던은 막힘없이 이상적이다.

---

*　　홉스의 맥락에서 '만인에 대한 만인의 투쟁'으로 번역되는 'war of all against all'을 여기서는 '모두에 대한 모두의 투쟁'으로 옮겼다. 홉스는 인간끼리의 분투에 대해 이야기했지만, 여기서 저자들은 인간에 국한되지 않는 행위자들의 분투를 말하고 있기 때문이다.

더 나아가 기술은 자연의 가장 합리적이고 뛰어난 작품인 인간을 모방한다. 이 기술에 의해 코먼웰스Commonwealth 또는 국가라 불리는 인공인간, 즉 리바이어던이 창조된다. 리바이어던은 자연인보다 거대한 크기와 힘을 가졌지만, 그 크기와 힘은 자연인을 보호하고 방어하기 위한 것이다. 그 주권은 인공의 혼으로서 리바이어던의 전신에 생명과 움직임을 부여하고, 위정자와 그 밖의 사법·행정 관리들은 리바이어던의 인공 관절에 해당한다.[28]

〔홉스의〕 리바이어던은 그 자체가 기계의 이미지로 설계된 하나의 신체다. 거기에는 엔지니어가 계획한 하나의 구조적 원리가 있으며 전체를 지휘하는 일관된 메타포, 즉 자동 장치 automaton라는 메타포가 있다. 그러나 진짜 리바이어던은 이보다 훨씬 더 괴물 같은 존재다. 리바이어던은 정말 기계일까? 그럴 수 있지만, 조작자가 없는 기계란 도대체 무엇인가? 망가진 쇳덩어리에 지나지 않는다. 따라서 자동 장치의 메타포는 타당하지 않다. 만약 기계가 스스로 움직이고 건설하며 수리할 수 있다면, 그것은 틀림없이 생명체일 것이다. 생물학으로 넘어가보자. '신체'란 무엇인가? 역시 기계이지만 열, 유압, 사이버네틱스, 데이터처리 등 많은 종류로 이루어진 기계다. 여기에 조작자는 없다. 결국 그것을 화학적 교환과 물리적 상호작용의 집합이라고 불러야 할까? 시장이나 교환 체계

의 이익과 비교할 수 있을까? 경제학적 장에서 이에 비할 수 있는 것은 무엇인가? 다시 한번 화학적 상호작용과 비교해야 하나? 이들은 차례대로 분투하는 힘의 장에 비교〔대응〕될 수 있다. 리바이어던은 그야말로 괴물이어서, 본질적으로 우리가 흔히 채택하는 어떤 대단한 메타포로도 안정화할 수 없는 존재다. 즉 그것은 기계인 동시에 시장이며, 코드이자 신체, 또한 전쟁이다. 때로는 기계처럼 힘이 전달되기도 하고, 때로는 사이버네틱 피드백과 같은 방식으로 작동 일람이 작성된다. 때로는 계약이 있고, 때로는 자동 번역이 있다. 그러나 결코 이 메타포들 중 하나만을 사용해서 요소들의 전체 집합을 묘사할 수는 없다. 아리스토텔레스의 범주들이 그렇듯, 우리는 그중 하나의 의미를 표현하려 할 때마다 한 메타포에서 다른 메타포로 도약할 수밖에 없다.

이 괴물은 〔홉스가 말한 것과는〕 다른 방식으로 리바이어던이다. 우리가 봤듯, 하나의 리바이어던만 있는 것이 아니라 키메라처럼 뒤얽힌 많은 리바이어던이 있기 때문이다. 그들은 각자 자신이 모두의 현실, 즉 전체 프로그램을 대표한다represent고 주장한다. 그들 중 일부는 때때로 타자를 심각하게 왜곡하기에, 한동안은 이 인공 신체의 유일한 영혼처럼 보이기도 한다. 홉스가 (아마도 벌거벗은) 이상적 인간의 몸과 계약만으로 건설한 리바이어던도 괴물 같기는 하다. 그러나 〔실제〕 행위자들은 인간의 몸보다 더 많은 다른 요소들과 자신을 연합함으로써 승리하기에, 그 결과물은 더욱 괴이하다. 강판과 궁전, 의례와 굳어진 습관이 젤라틴처럼 끈적한 덩어리의 표면에 떠다닌다. 이 덩어리는 동시에 기계의 메커니즘처럼, 시장에서의 교환처럼, 덜그럭거리는 타자기처럼 작동한다. 때로는 공장이나 기술적 체계에서 나온 요소들 전체가 이전에는 전혀 작동하지 않는 듯했던 힘들에 의해 다시 용해되고 해체되기도 한다. 이 힘들은 다른 이들이 당장이라도 서둘러 분해하려 하는 키메라의 대략적인 윤곽을 만들어낸다. 고난에 처한 욥도, 실험실의 기형학자들도 그렇게 무시무시한 괴물은 목도한 적이 없다.

정치철학, 역사, 사회학이 논쟁의 여지 없는 설명의 틀로 간주하는 모든 것과 관련된 이 근원적 분쟁에 두려움을 느끼지 않을 수 없다. 마찬가지로 리바이어던들이 자신에 대해 쏟아내는 연설의 홍수에 두려움을 느끼지 않는 것도 불가능하다. 리바이어던들은 어떤 날에는, 또 어떤 사람에게는 자신을 진단하거나 분해하도록 허용한다(진단인지 분해인지는 그날 리바이어던이 몸이 되려 할지, 기계가 되려 할지에 달려 있다). 때때로 그들은 죽은 척하고, 폐허(건물의 메타포)인 척하거나 시체(생물학적 메타포)인 척하고, 그도 아니면 산업 고고학 박물관에 안치된 거대한 쇳덩어리인 척한다. 또 어떤 때에 그들은 종잡을 수 없고, 스스로가 괴물 같고 불가해하다는 것을 인정하며 기뻐한다. 그 직후 청중에 따라 그들은 변하여, 소파에 늘어져 비밀스러운 생각을 속삭이거나 고해성사의 어둠 속에 웅크려 자신의 잘못을 인정하고, 자신이 너무 크거나 작다는 것을, 너무 견고하거나 무르다는 것을, 너무 오래됐거나 새롭다는 것을 뉘우친다. 그렇다고 그들이 계속 변신하는 상태라고 말할 수도 없는데, 그들은 단지 군데군데in patch 변화할 뿐이며, 변화의 크기를 달리하며 천천히 변하기 때문이다. 성장하면서 스스로 분비한 막대한 기술적 장치들에 방해받고 짓눌린 그들은 변신의 힘을 엄밀한 수준으로 제한하게 된다.

이렇게 겹겹의 피부를 지닌 리바이어던은 거대도시의 끝나지 않는 건축 현장과 더 닮았다. 그것을 전반적으로 지휘할 설계자도 없고, 있다 해도 반영되지 않겠지만 설계도도 없다. 청사와 발기인, 왕과 공상가는 각자 자신이 전체 계획을 갖고 있으며 이야기의 의미를 이해한다고 주장한다. 이러한 전체 계획에 기초하여 구역 전반이 배치되고 도로가 개설되는데, 다른 노력과 의지가 곧 그 계획을 일시적이거나 개인적인, 이기적이고 특정한 표현으로 축소한다. 끊임없이—모든 곳에서 동시에 일어나는 것은 결코 아니지만—거리가 개설되고 집들이 무너지며 개울이 메워진다. 과거에 낡거나 위험하다고 여겨진 구역들은 부흥하고, 과거의 현대적 건물들은 촌스러운 것으로 여겨져 철거된다. 우리는 무엇이 우리의 유산인지를 놓고, 수송 방법과 따라야 할 일정을 놓고 다툰다.

소비자들은 죽고 다른 이들로 대체되며, 점차 회로가 구축되어 정보가 스스로 회선을 따라 돌게 된다. 여기저기서 누군가는 다른 이가 결정한 운명을 받아들여 자기 안으로 은거한다. 아니면 그저 아파트의 공간 구획이나 침실 벽지만 바꿀 뿐 그이상은 하지 않는 개인 행위자로 자신을 규정하는 데 만족한다. 그런데 미시 행위자를 자처하고 그렇게 규정될 뿐이었던 행위자들이 소멸 위기의 구역에 모여 동맹을 맺고, 시청으로 행진하며 반체제 건축가들을 포섭하기도 한다. 그들의 행동때문에 로터리의 경로가 변경되고 거시 행위자가 세운 고층 빌딩이 철거된다. 혹은 그 유명한 '레알의 구멍trou des Halles'* 사례처럼, 그들은 파리 시청이 고려했던 수백 가지 계획 외에 600여 가지 대안적 프로젝트를 제안한다. 아주 작은 행위자가 거시 행위자가 되는 과정은 마치 프랑스 동요의 노랫말 같다. "고양이가 냄비를 넘어뜨리네, 냄비가 탁자를 넘어뜨리네, 탁자가 방을 넘어뜨리네, 방이 집을 넘어뜨리네, 집이 거리를 넘어뜨리네, 거리가 파리를 넘어뜨리네. 파리, 파리, 파

* 레알Les Halles은 오래전부터 파리 중앙에 있었던 큰 시장이다. 그 주변은 19세기에 에밀 졸라가 "파리의 배꼽"이라고 부를 만큼 번성했다. 레알은 영고성쇠를 거듭하다가 1973년 최종적으로 철거됐는데, 이 철거가 많은 비판을 불렀다. 여기서 '레알의 구멍'은 그 시장의 건물이 철거된 부지를 일컫는 듯하다. 이 부지에서의 설계와 건축은 수십 년 동안 논쟁거리가 되었다. 현재는 거대한 지하철역과 복합 쇼핑센터, 공원 등이 있는 파리의 중심지 중 하나다.

리가 무너졌네!" 우리는 누가 크고 누가 작은지, 누가 견고하
고 누가 무른지, 누가 뜨겁고 누가 차가운지 알 수 없다. 갑자
기 지껄이기 시작하는 혀들과 갑자기 닫히는 블랙박스들의
효과는 어떤 도시에, 즉 괴물 혹은 지옥의 층들*의 아름다움
을 지닌, 셀 수 없이 많은 리바이어던에 이른다.

　　홉스의 리바이어던은 우리가 여기서 설명한 것에 비하
면 실로 천국이었다. 개코원숭이의 리바이어던처럼, 홉스의
리바이어던은 여전히 야생 사바나의 아름다움 속에 있는 때
묻지 않은 사회의 꿈이었다. 우리가 존재하고 거주하며 가꾸
는 괴물은 그와는 사뭇 다른 노래를 부른다. 막스 베버와 그의
지적 후계자들이 이 괴물이 "탈주술화"되고 있다고 생각한
것은, 그들이 기술과 거시 행위자들에게 겁먹었기 때문일 뿐
이다. 이제 우리는 이 점을 보여주려 한다.

4.　결론: 사회학자 리바이어던

성장하기 위해서는 타자가 원하는 것을 번역하고, 나아가 그
들이 다른 것을 욕망하지 않을 만큼 번역을 충분히 구체화함
으로써 타자의 의지를 등록해야 한다. 홉스는 이러한 번역 과

---

*　　단테 알리기에리의 『신곡』에 묘사된, 원형의 층이 겹겹이 쌓여
　　있는 지옥의 구조를 염두에 둔 표현이다.

정이 오늘날 우리가 '정치적 대표political representation'라고 부르는 영역에서만 일어난다고 보았다. 그에 따르면, 산만하게 흩어진 의지들은 우리가 원하는 것을 말하고, 말에 모순이 없으며, 그 말이 법의 강제력을 가지는 주권자의 인격으로 통합된다. 그러나 '정치적 대표'만으로 다중의 욕망을 번역하기에 충분했던 시대는 아주 오래전에 지나갔다. 정치학에 이어 경제학도 깊은 상자 속을 헤아리면서, 리바이어던을 구성하는 상품과 서비스, 사람들이 무엇을 욕망하는지에 대해서뿐 아니라 그들의 가치가 얼마인지를 말할 수 있다고 호기롭게 주장했다. 이 논문의 관심사는 정치학이나 경제학에 있지 않다. 우리는 그보다 후발 주자인 사회학자들에게 관심이 있다. 이들 역시—여론조사, 양적·질적 탐구를 통해—행위자들이 원하는 것과 그들의 가치뿐 아니라 그들이 어떤 존재인지를 번역해낸다. 사회학자들은 흩어진 정보를 바탕으로 질문지와 비화, 통계와 느낌에 응답하고, 행위자들이 무엇인지(계급, 범주, 집단, 문화 등), 그들이 무엇을 원하는지, 그들의 관심사와 사는 방식은 어떤지를 해석하고 타진하며 통합하고 표명한다. 한 세기 넘게 사람들의 대변자를 자임하고 자처하면서, 그들은 홉스의 주권자로부터 〔다음의 아이디어를〕 넘겨받았다. '가면으로부터 흘러나오는 목소리는 그들 자신의 것이다.'

4.1 사회학자 리바이어던

지금까지 우리는 계약에 기초한 정치적 리바이어던의 창조
부터 원숭이-리바이어던의 형성, 마지막으로 괴물-리바이
어던의 구성까지 살펴보았다. 이제 우리는 사회학자-리바이
어던이 어떻게 만들어지는지 살펴볼 것이다. 이미 우리는 원
칙적인 수준에서, 리바이어던들이 사회학들처럼, 혹은 사회
학들이 리바이어던들처럼 형성된다고 말할 수 있다.

그래서 사회학자는 무엇을 하는가? 그들 중 누군가는 사
회 체계가 존재한다고 말한다. 사회적인 것에 대한 이런 해석
은 일관성 없는 번역 과정에 일관성을 부여한다. 체계가 있다
고 진술하는 것은 '체계화'하고 '단일화'하는 행위자의 힘을
분산함으로써 행위자가 성장하도록 만든다. 물론 우리가 앞
서 본 것처럼 리바이어던의 셈법은 매우 독특하다. 각각의 체
계, 각각의 총체성은 자신을 양보하지 않으면서 다른 체계들
에 더해지고, 그럼으로써 천 개의 머리와 천 개의 체계를 가진
하이브리드 괴물을 만들어낸다. 사회학자는 또 무엇을 하는
가? 예를 들어, 그는 리바이어던이 '사이버네틱 기계'라고 말
한다. 그때 행위자 간의 모든 연합은 인공지능 회로로 묘사되
고, 번역은 [정보의] '통합'으로 해석된다. 여기서도 리바이
어던은 다음과 같은 유형의 묘사를 통해 구축된다. 그것은 기
계임을 자랑스러워하고, 다른 기계처럼 힘과 움직임을 기계

적 방식으로 전달하기 시작한다. 물론 이런 해석은 다른 모든 해석에 추가되며, 다른 해석들에 맞서 투쟁한다. 리바이어던은 때와 장소에 따라서는 사이버네틱 기계가 아니라 전통적 기계일 수도, 마찬가지로 신체, 시장, 텍스트, 게임 등일 수도 있기 때문이다. 모든 해석은 기계냐 코드냐 신체냐 시장이냐에 따라 [다르게] 힘을 수행하면서performing 또 변형하므로 transforming, 그 결과 역시 괴물인 동시에 기계, 야수, 신, 도시일 수 있다. 또 사회학자는 무엇을 할 수 있는가? 가령 사회학자는 "우리의 연구를 사회에 대한 것으로 제한한다"라고 말할 수 있다. 그렇게 '사회적인 것'으로 스스로를 제한하면서 이를테면 경제적, 정치적, 기술적, 문화적 측면들을 제쳐두는 것은 리바이어던을 '현실의 층위들reality levels'로 나누는 일이다. 이런 요소들이 든 블랙박스는 밀봉되어 있고, 어떤 사회학자도 [자신의] 현장 밖으로 나서지 않고서는 그것들을 개봉할 수 없다. 리바이어던들은 사회적 부분이 노출되는 동안 자신의 구조는 가려지기에 안도감을 느끼며 기분 좋게 그르렁댄다. 물론 우리가 아는 것처럼(EDF의 사례를 보라) 어떤 행위자도 그렇게 강력하지는 않으므로, 그것의 결정과 연합 전체가 결국은 분명 기술적 현실로 간주될 것이다. 다른 행위자들은 사회학자의 도움을 받아 기술적인 것, 경제적인 것, 문화적인 것, 사회적인 것의 경계를 보류하고 다시 추적할 것이다. 역시 그 결과로, 리바이어던은 상충하는 사회학자의 팀들에 난도질당해 프랑켄슈타인〔의 괴물〕처럼 상처투성이가 된다. 또 사회학자는 무엇을 하는가? 다른 모든 이처럼, 그들은 누가 행위를 하고 누가 말하는지 규정하는 작업을 멈추지 않는다. 그들은 노동자나 매춘부, 멕시코 노인의 회상을 기록한다. 그들은 인터뷰하고, 지상의 모든 주제에 대해 열려 있기도, 닫혀 있기도 한 질문지를 나눠 주며, 끊임없이 대중의 의견을 타진한다. 그들은 조사 내용을 해석할 때마다 리바이어던에 정보를 제공하면서 리바이어던을 변형하고 수행한다. 그들이 어떤 단일성/단체unity를 구성하고 집단을 정의하며 〔그것들에〕 정체성이나 의지, 프로젝트를 부여할 때마다,[29] 무슨 일이 일어나고 있는지 설명할 때마다, '주권자이자 당사자'—홉스가 쓴 용어대로—로서 사회학자는 투쟁하는 리바이어던에 새로운 정체성, 정의, 의지를 추가하여 다른 당사자들이 성장하거나 쇠락하게끔, 숨겨지거나 드러나게끔, 확장하거나 축소되게끔 한다.

다른 모든 이처럼, 그리고 모든 이와 같은 이유에서 사회학자들도 리바이어던에 대해 작업한다. 그들의 작업은 리바이어던의 본성을 규정하는 일, 즉 그것이 하나인지 여럿인지, 그들이 무엇을 원하고 자신을 어떻게 변형시키며 어떻게 진화하는지 등을 규정하는 일이다. 이 특정한 과제는 결코 특이한 것이 아니다. 고전적인 투로 말하자면, 리바이어던에 대해 '메타담론'은 존재하지 않는다. 글을 쓸 때마다 사회학자들은 성장하거나 줄어들고, 때로는 거시 행위자가 되거나 그렇지 않으며, 라자스펠드*처럼 국제적으로 확장되거나[30] 특정한 시장에 제한될 수 있다. 사회학자들이 성장하거나 줄어드는 이유는 무엇일까? 관심사와 욕망, 힘을 가진 다른 행위자들도 어느 정도 성공적으로 번역하고, 누군가와 동맹을 맺거나 다툼을 벌인다. 시기와 전략, 제도와 요구 사항에 따라 사회학자의 작업은 모든 사람이 그 리바이어던에 대해 말할 정도로 확장될 수도 있고, 영국 대학의 박사과정생 셋이 자기들끼리 생각하는 정도로 줄어들 수도 있다. 사회학자의 언어는 리바이어던과 특권적인 관계를 맺지는 않지만 리바이어던에 영향을 끼친다. 사회학자들이 통합되고 위계질서를 갖춘 사이버네틱 하위 체계를 만들어, 그 리바이어던이 유일하게 체계적이라고 주장하는 경우를 생각해보자. 이 주장은 받아들여질 수도 있고 아닐 수도 있으며, 다른 사람들이 자원으로 사용할 수도 있고 아닐 수도 있다. 이러한 규정이 성공적이라고 해서 리바이어던의 본성에 대해 무언가를 증명하는 것은 아니다. 그저 파슨스Talcott Parsons식의 제국이 탄생할 뿐이다. 반대로 민속방법론자들이 동료들에게 거시 행위자는 존재하

* 폴 펠릭스 라자스펠드Paul Felix Lazarsfeld(1901~1976)는 오스트리아계 미국인 사회학자다. 커뮤니케이션 이론과 현대적인 실증적 사회학 방법론의 선구자로 여겨진다. 오늘날 우리가 아는 '여론조사'의 방법을 정초했다.

지 않음을 설득할 수 있더라도, 그것이 리바이어던의 비존재를 증명하는 것은 결코 아니다. 사회학자 역시 다른 행위자들과 다르지 않다. 사회학자는 다른 행위자보다 더 외부적이지도 내부적이지도 않고, 더 과학적이지도 덜 과학적이지도 않다.[31] 일반적인, 너무나 일반적인 상태에 있을 뿐이다.

4.2 두 가지 실수 사이를 가로지르는 방법

우리가 살펴본 바와 같이 거시 행위자는 블랙박스 위에, 즉 서로 다른 많은 힘을 연합해 '한 사람'처럼 행동하게 하는 힘 위에 앉아 있는 미시 행위자다. 이렇게 정의하면, 결국 거시 행위자를 설명하는 것이 미시 행위자를 설명하는 것보다 어려울 이유가 없다. 성장은 오래 지속되는 힘을 자신과 연합시켜 존재를 단순화할 수 있을 때만 가능하다. 따라서 거시 행위자는 적어도 미시 행위자만큼 단순한데, 그렇지 않다면 커질 수 없었을 것이기 때문이다. 미시-협상으로 하강하거나 거시 행위자로 상승함으로써 사회적 현실에 더 가까이 다가갈 수는 없다. 우리는 거시 행위자가 미시 행위자보다 더 복잡하다고 믿게 만드는 선입견을 벗어나야 한다. 개코원숭이의 예가 보여주었듯 그 반대가 진실일 것이다. 거시 행위자는 스스로를 단순화할 때만 성장할 수 있다. 행위자가 자기 존재를 단순화하는 만큼 사회학자의 작업도 단순화된다. 카불로 탱크를 보내는 것은 전화기에서 999번을 누르는 것보다 더 어려운 일이 아니게 된다. 이제 르노를 묘사하는 것은 휴스턴 경찰서에서 전화를 받는 사무관을 묘사하는 것보다 어렵지 않다. 만약 훨씬 더 어려웠다면 탱크들은 움직이지 않고 르노는 존재하지 않았을 것이다. 거시 행위자는 존재하지 않았을 것이다. 거시 행위자가 미시 행위자보다 복잡하다고 주장할 때, 사회학자들은 분석을 단념하게 하고 조사자들의 손발을 묶는다. 또한 그들은 거시 행위자의 성장 비결을 감춘다. 그것의 작용을 유치할 정도로 단순화하면서 말이다. 왕은 벌거벗은 임금님일 뿐 아니라, (구멍 난) 블랙박스를 가지고 노는 아이이기도 하다.

사회학자들이 너무 흔하게 공유하는 또 다른 선입견은, 개별적인 미시-협상이 거시 행위자의 추상적이고 멀리 있는 구조보다 더 진실하고 현실적이라는 것이다. 그러나 거시 행위자를 구축하는 막대한 과업에 거의 모든 자원이 동원된다는 점에서 이 선입견 역시 진실과는 동떨어져 있다. 개인에게 남는 것은 찌꺼기뿐이다. 사회학자들은 줄어들고 빈약해진 존재를 너무 성급하게 연구한다. 그나마 줄어들고 남은 피부라도 차지하려고 애쓰면서 말이다. 이미 거시 행위자에 의해 구조화된 세계에서 개인의 사회적 상호작용보다 더 빈약하고 추상적인 것은 없다. 개인적인 것을 기반으로 거시 행위자를 재구축하고자 꿈꾸는 몽상가들은, 거시 행위자가 자신의 삶을 단순화하고 모든 공간을 장악할 수 있도록 해준 견고한 부분을 누락함으로써 훨씬 해괴한 몸에 도달하고 만다.

4.3 괴물보다 더한, '1과 2분의 1 괴물'

그렇다면 사회학자는 무엇인가? '사회'라는 말 자체가 함축하는 것처럼, 전적으로 연합과 해산을 연구하는 사람일 따름이다. 인간끼리의 연합인가? 당연히 그뿐만이 아니다. 오래전부터 인간끼리의 연합은 언어, 의식rituals, 철, 나무, 씨앗, 비 같은 동맹들을 통해 확장되고 연장되어왔다. 사회학자는 모든 연합을 연구하지만, 특히 약한 상호작용이 강한 상호작용으로, 또 그 역으로 변형되는 것을 연구한다. 거기서 행위자들의 상대적 차원〔미시 차원과 거시 차원〕이 달라지기 때문에 특별한 흥미를 끄는 것이다. 우리가 '연구'라는 단어를 사용할 때 꼭 지식을 요구하지는 않는다는 점을 분명히 해두자. 모든 정보information는 변형transformation이며, 리바이어던의 몸 안팎에서 행해지는 응급수술이다.

　　두 가지 실수 사이를 가로지르면서 우리는 먼 별로 도피할 생각이 없다. 다른 사람들에게 유효한 것은 우리에게도 유효하다. 우리 역시 리바이어던에 대해 작업하고 있고, 우리

역시 우리의 개념을 판매하고자 하며, 동맹자와 연합을 찾고, 우리가 기쁘게 하거나 불쾌하게 할 사람이 누구인지를 결정하려 한다. 사회학자는 행위자 간의 수준과 크기 차이를 당연한 것으로 받아들임으로써 과거, 현재, 미래의 승자들을 (누구이건 간에) 승인하며, 이들을 합리적으로 보이게끔 만들어 권력자들의 환심을 산다. 사회학자는 사회적인 것으로 남겨진〔사회적인 것 이외의 것들을 제외한〕 연합으로 연구를 제한하는 데 동의함으로써 블랙박스를 밀봉하고, 다시 한번 강자들은 안전하며 공동묘지는 평화로울 것이라고 보장한다. 이 공동묘지에는 밀폐된 블랙박스가 줄지어 가득하다.

그렇다면 사회학자에게 방법의 문제는 자신의 위치가 어디인지를 아는 것으로 귀결된다. 홉스가 그랬듯 사회학자는 계약이 체결되는 바로 그 지점, 힘이 번역되고 기술적인 것과 사회적인 것의 차이가 결판 지어지며 비가역적인 것이 가역적인 것이 되고 크레오드가 역류하는 지점에 앉아 있다. 거기서, 갓 태어난 괴물의 성장에 대해 최대한의 정보를 끌어내는 데는 아주 적은 양의 에너지만 있어도 된다.

이러한 장소를 선택하는 사회학자들은 더 이상 그 누구의 하인도 후견인도 아니다. 이제 그들은 다른 사람들이 이미 버린 리바이어던의 시체를 부검할 필요가 없다. 더는 '사회 세계' 전반을 지배하는 거대한 블랙박스들을 두려워하지 않으며, 아직 응고되지 않은 '사회적인 것'을 찾느라 유령이나 싸

늘하게 굳은 뱀파이어처럼 떠돌지도 않는다. 사회학자—기형학자—는 따뜻하고 밝은 곳, 즉 블랙박스가 열리고 비가역적인 것이 가역적인 것이 되며, 기술이 삶을 되찾는 곳에 있다. 그곳은 큰 것과 작은 것, 사회적인 것과 기술적인 것 사이의 불확정성이 탄생하는 장소다. 사회학자는 배반당하고 번역되는 당사자의 목소리들(사회적 몸의 내용)이 홉스가 묘사한 주권 대리인〔행위자〕의 목소리(사회적 몸의 형태)가 되는 축복받은 장소에 거한다.

사회적 연결을 재정의하기

: 개코원숭이에서 인간까지

지난 10년간 인간/비인간 사회에 관해 풍부한 데이터가 축적됨에 따라 사회의 본성과 사회적 연결에 대한 기성의 사고는 조금씩 흔들리고 있다. 그 데이터들의 모호함과 불일치는 사회를 단순한 용어로 정의하려는 앞선 시도들을 물거품으로 만들었다. 이 부조화와 비일관성은 그저 더 많은 정보와 더 나은 방법론이 마련된다면, 또 이데올로기와 아마추어리즘으로부터 과학적 시도를 더욱 격리한다면 교정될 '실행상의 어려움'일 뿐일까? 이 논문에서 우리는 이러한 관습적 태도를 취하지 않고, 문제에 접근하는 다른 방식을 제안하려 한다.

만약 불일치야말로 실재이며, 기존의 틀이 잘못되었다면 어찌하겠는가? 틀 짓는 방법의 변화가 불러올 영향을 탐구하기 위해, 우리는 우선 사회에 대한 대안적 패러다임들을 살펴본 다음 한 가지 특정 사례를 검토할 것이다. 그 사례는 바로 개코원숭이 사회에 관한 관념의 역사다. 이어서 사회적 연결의 진화에 관한 우리의 생각에 사회의 여러 의미를 적용했을 때 생겨나는 결과들을 살펴볼 것이다. 마지막으로 '정치'의 진화를 비롯해 인간/비인간 사회학이 제기해온 여러 문제를 분석하는 데 우리의 새로운 틀이 어떻게 유익한지 보여주면서 글을 마칠 것이다.

탐색과 포괄의 어려움에도 최근까지 사회과학은 '사회'가 지시적으로 정의된 객체일 수 있다는 패러다임을 채택해왔다. 사회의 행위자들은, 사회학 학파마다 그들에게 부여하는 능동성의 정도가 다를지라도 어쨌든 더 큰 사회 안에 있다. 이는 사회과학자들이 규모의 차이를 〔구분해서〕 사고한다는 뜻이다. 즉 미시 층위(행위자, 구성원, 참가자)와 거시 층위(전체로서의 사회).[1] 사회에 대한 이 지시적 정의는 지난 20년간 민속방법론[2]과 과학사회학[3]에 의해, 특히 사회과학들[4]과 기술사회학[5]에 의해 도전받아왔다. 이런 연구들 덕분에 미시 층위와 거시 층위의 관습적 구분은 흐려지고, 사회에 대한 전통적 정의는 받아들이기 어려워졌다. 대신, '작업' 과정에서 '층위'를 침범하는 활동적인 사회적 존재에 의해 사회가 지속적으로 구성되거나 '수행된다'는 관점이 강한 설득력을 얻게 되었다.

〔사회에 대한〕두 입장, 즉 지시적ostensive 모델과 수행적performative 모델은 원칙과 실천 양쪽에서 차이가 있으며, 사회적 연결이 어떻게 특징지어지는지를 두고 결정적으로 다른 결론을 내린다. 두 관점은 다음처럼 요약될 수 있다.

사회적 연결에 대한 지시적 정의

① 원칙적으로 사회를 하나로 묶는 전형적 속성들, 사회적 연결과 그 진화를 설명하는 속성들을 발견할 수는 있지만, 실천적으로 그것들을 감지하기는 어려울 것이다.

② 이러한 속성과 요소는 사회적이다. 만약 다른 속성들이 포함된다면 그때 사회에 대한 설명은 (사회학이 아니라) 경제학, 생물학, 심리학 등에 속할 것이다.

③ 사회적 행위자들(그들의 규모가 미시적이건 거시적이건 간에)은 ①에서 정의된 사회 안에 있다. 행위자가 활동적이더라도 그들의 활동은 제한될 텐데, 그들은 더 큰 사회의 부분에 지나지 않기 때문이다.

④ 행위자들은 사회 안에 있기 때문에, 사회의 원칙들을 밝혀내는 데 관심이 있는 과학자들에게 유용한 정보원이다. 그러나 행위자들은 사회의 부분에 지나지 않기 때문에, 설령 '지각 있는' 존재라 할지라도 결코 전체 그림을 보거나 알 수 없다.

⑤ 적절한 방법론이 있다면 사회과학자들은 사회를 하나로 묶는 원칙들을 발견할 수 있으며, 행위자의 신념과 행동을 구분할 수 있다. 그렇게 고안된 전체로서의 사회의 그림은 그 속에 있는 개별 사회적 행위자들로서는 접근 불가능하다.

이 전통적 패러다임에 따르면 사회는 존재하고, 행위자들은 이미 결정된 규칙과 구조를 따라 사회에 들어간다. 사회의 전반적인 본성은 행위자들에게 알려지지 않으며 알려질 수도 없다. 사회 바깥에 서 있는 과학자들만이 그것을 전체적으로 보고 이해할 능력을 지닌다.

사회적 연결에 대한 '수행적' 정의

① 사회생활에 특유한 속성을 설정하는 것은 원칙적으로 불가능하지만, 실천적으로 가능하다.

② 다양한 요소와 속성은 사회적 행위자들이 정의하는 사회적 연결에 관여한다. 그것들은 순수하게 사회적인 것에 국한되지 않고 경제학, 생물학, 심리학 등의 영역을 포괄할 수 있다.

③ 실천 속에서 행위자들은(그들의 규모가 미시적이건 거시적이건 간에) 자신과 타자에게 사회란 무엇인지 전체적으로도, 부분적으로도 정의한다.

④ 사회를 '수행하는' 행위자들은 무엇이 성공에 필요한지를 안다. 이 앎은 부분에 대한, 전체에 대한, 신념과 행동의 차이에 대한 지식을 포함할 것이다.

⑤ 사회과학자는 다른 여느 사회적 행위자처럼 질문을 제기하고, 과학자가 아닌 이들보다 더도 덜도 아닌 정도로 사회를 '수행한다.' 하지만 사회과학자는 사회에 대한 자

신의 정의를 〔타자에게〕 강제하는 다른 실천적 방법을
지니고 있을 것이다.

수행적 관점에 따르면, 사회는 그것을 정의하려는 수많
은 노력으로 구성된다. 즉 사회는 그것을 정의하려고 분투하
는 과학자를 포함해 모든 행위자의 수행으로 달성되는 무언
가다. 이런 관점에서 사회적 행위자는, 가핑클의 표현[6]을 사
용하자면 "문화적 백치dopes"에서 능동적으로 사회를 성취하
는 자로 변모한다. 이 관점에서는 행위자들 간의 관계에서 사회
적 연결을 찾기보다는, 행위자들이 사회란 무엇인지를 탐색
함으로써 어떻게 그런 연결을 달성하는지 묻는 것이 더 중요
해진다.

전통적 틀에서 수행적 틀로 이동하면 두 쌍의 반비례 관
계들이 생겨나는데, 하나는 모든 행위자 사이의 낯선 대칭으
로 나타나고, 다른 하나는 새로운 비대칭을 드러낸다. 첫번
째 반비례 관계는 이러하다. 행위자는 능동적일수록 다른 행
위자와 분리되지 않는다. 〔능동적 행위자를〕 이렇게 정의하
는 것은 그 행위자가 사회란 무엇인지, 무엇이 사회를 결속하
는지, 사회가 어떻게 변화할 수 있는지 조사하는 완전히 숙련
된 사회과학자라고 말하는 것과 같다. 두번째 비대칭 관계는
이러하다. 원칙적으로 행위자들을 동등하게 여길수록, 그들이
사회를 달성하는 데 활용할 수 있는 수단에서 그들 사이의 실

천적 차이는 더욱 뚜렷해진다. 이제 이러한 원칙들이 개코원숭이 사회에 어떻게 적용되는지 보여주겠다.

개코원숭이: 관념의 역사

우리가 많은 서구 철학자보다 개코원숭이에게서 더 많은 것을 배울 수 있다고 다윈이 말했을 때, 그는 사실 개코원숭이에 대해서 아는 것이 거의 없었다.[7] 다른 동물의 행동과 사회에 대한 근대적 과학 연구를 개시한 것이 바로 다윈주의 혁명이기 때문이다.

개코원숭이에 대한 전前과학적 통념은, 그들이 무질서한 짐승들의 무리라 사회적 조직화가 전적으로 부재하며 아무렇게나 돌아다닌다는 것이었다.[8] (그러나) 최초의 '과학적' 연구는 (개코원숭이 집단에서) 질서 있는 사회의 한 면모를 포착해냈다. 원숭이에 대한 초기 실험실 연구[9]와 포획된 개코원숭이 연구[10]는 야생 개코원숭이가 어떻게 행동하는지에 대해서는 아주 약간의 지식만을 담고 있었다.[11] 그럼에도 이 연구들은, 개코원숭이가 매우 단순하게 조직된 형태일지라도 사회를 이루고 있음을 입증했다. (그 연구들에서는) 성性과 지배력이 주요인이었다.[12] 성, 혹은 암컷에 성적으로 접근하려는 수컷의 열망이 사회를 하나로 유지했다. 개코원숭이는 질서 있지만 단순한 영장류 사회에 대한 가장 오래되고 고전적인 표상이었다.

1950년대에 개시된, 개코원숭이에 대한 근대적 현장 연구들[13]은 영장류의 행동을 본성적인, 즉 진화적인 배경 속에서 이해하려는 선구적 시도다.[14] 그 연구들은 사회가 성에 바탕을 두지 않았음을 암시했다. 대신 사회구조는 수컷 공격성의 영향력과 그것이 만들어낸 지배계급에 의해 구성되었다. 무리를 결속하는 것은 성적 유대가 아니라 사회적 유대였다. 워시번과 드보어, 홀[15]은 각자의 결과를 비교하면서, 그들이 연구한 개코원숭이가 세 종으로 이루어져 있으며 무리가 서로 수백에서 수천 마일 떨어져 있는데도 유사하다는 점에 주목했다. 사회생활로 조직된 특정 개코원숭이의 사례뿐만 아니라, 지리와 종차種差에 상관없이 개코원숭이는 동일한 사회를 유지했다.

1960년대와 1970년대에는 유인원 현장 연구가 급증했고, 개코원숭이 연구 역시 마찬가지였다.[16] 다양한 서식지에서 행해진 관찰은 개코원숭이 사회에 관한 기존의 생각에 도전했다. 우간다의 숲에 사는 개코원숭이[17]에게는 안정적인 수컷 지배계급이 보이지 않는 대신, '적응적' 수컷의 다채로운 행동이 일찍이 보고되었다. 수컷의 지배 질서보다는 친족 관계와 우정이 개코원숭이 사회의 바탕이 되는 것으로 밝혀졌다.[18] 이러한 새로운 발견은 식별된 특정 개체들을 장기간 추적하는 등 새로운 방법론들 덕분에 가능해졌다. 그리하여 관찰된 개코원숭이 무리들이 표준에서 갈라져 나왔고, 개코원숭이 행동 방식의 다양함은 표준적인 종의 패턴과 진화론적 해석 모두를 약화시켰다.

종 내 다양성이라는 난제를 회피하는 방법은 늘어나는 불일치(함축적으로 말해서, 개코원숭이 행동의 증가하는 예측 불가능성)를 누락시키는 것뿐인데, 이는 관찰자들의 정보와 관점을 거부하는 일이었다. 이 문제에 대한 일반적인 관점은 이러했다. 개코원숭이 집단들은 다르게 행동하지 않았고, 다만 연구가 부정확했을 뿐이다. 개코원숭이의 사회구조는 다양한 관찰의 심층에 분명 고정적으로 존재하리라는 것이다.

그러나 개코원숭이들(그리고 다른 유인원 종들) 속에서 보고된 수많은 변이는 방법론적 논쟁을 결국 어느 정도 불식시켰다. 과학자들은 행동 방식과 사회가 모두 가변적이라는 생각을 받아들였다.[19] 어려운 문제는 가변성의 원칙을 찾아내는 것이었다. 당시 가장 유력한 후보들은 생태학과 계통발생학이었지만, 결국 1970년대 중반의 사회생물학적 접근[20]만이 새로운 종합을 제시했다. 이 개조된 진화론적 틀은 사회적 원칙에 관한 질문에 설득력 있는 답을 내놓았다. 고정적 요소는 사회구조 자체에 있지 않고 개체의 유전자형에 있었다. 초기의 진화론적 공식이 암시했듯, 집단이 아니라 개체가 선택되는 것이었다. 사회 자체는 안정적이지만 그 사회는 개체의 결단, 진화적 안정 전략Evolutionary Stable Strategy, ESS과 환경에 따라 달라지는 ESS들의 '우연적' 결과였다.[21]

〔그런데〕사회생물학적 해결책은 사회를 달성하는 '근접 원인으로서의 수단들'이라는 의문의 여지를 남겼다.* '궁극적' 시나리오에서는 스마트 유전자 계산기가 적절한 행위자가 될 수도 있겠지만, 사회의 실제 참가자로서 모든 개체는 공존, 경쟁 또는 협력하고 있었다. 개코원숭이(그리고 영장류)에 대한 최신 연구는 이러한 근접 원인의 층위를 다뤄왔다. 이때 정보는 주로 야생 개코원숭이를 장기간 연구하면서 얻어진다(연구 현장: 케냐—암보셀리, 길길/라이키피아, 마사이마라; 탄자니아—곰베, 미쿠미; 보츠와나—오카방고).

최근의 연구는 우리의 논의에 대단히 흥미롭다. 최근 연구 동향은 사회생물학적인 '스마트 생물학' 논의가 허용했던 것보다 개코원숭이가 더 풍부한 사회적 기술과 사회적 의식을 가졌음을 인정하는 쪽으로 흐르고 있다.[22] 사회적 기술은 협상하기, 시험하기, 평가하기, 조종하기를 포함한다.[23] 유전자에 의해 번식 성공률을 극대화하도록 추동되는 수컷 개코

---

*   동물학에서 근접 원인proximate causation은 동물의 행동에
        직접 영향을 끼치는 생리적·개체적 원인을, 궁극 원인ultimate
        causation은 그러한 행동 혹은 현상이 발생하도록 오랜 시간 작용한
        진화적 원인을 말한다.

원숭이는 원하는 것을 얻기 위해 단순히 몸집이나 힘 혹은 지배 서열에만 의존하지는 않는다. 설령 지배력만으로 충분히 설명될 수 있다 할지라도 다음과 같은 의문이 여전히 남는다. 개코원숭이는 누가 우세한지 어떻게 아는가? 지배력은 사실인가, 가공물인가? 가공물이라면 누구의 가공물인가? 개코원숭이 사회를 찾는 관찰자의 것인가? (심지어 고전적인 지배력 연구에서도, 조사관은 지배계급을 '발견'하기 위해 수컷을 둘씩 짝지어 먹이경쟁을 시키는 식으로 개입할 수밖에 없었다.) 혹 그것은 관찰자와 개코원숭이 모두가 함께 풀어야 하는 보편적 문제일까?

최근의 증거가 제시하듯 개코원숭이들이 누가 누구와 동맹인지, 누가 누구를 이끄는지, 어떤 전략을 써야 목표를 더 잘 성취하는지 알아내려고 지속적으로 시도하고 시험한다면, 개코원숭이와 과학자는 같은 질문을 던지고 있는 셈이다. 그리고 개코원숭이가 지속적으로 협상하고 있다면, 사회적 연결은 '사회란 무엇인가'에 대한 지식을 획득하는 과정으로 변모한다. 약간 다르게 말해보자. 개코원숭이가 안정적인 구조 속에 들어가 있지 않고 오히려 그 구조란 무엇이어야 하는지 협상하는 중이며, 그러한 모든 협상을 관찰하고 시험하며 추진하고 있음을 인정한다면, 단순한 구조에 들어맞지 않는 개코원숭이 사회의 다양성은 '수행적' 탐구의 결과라고 봐야 한다. 증거는 뒤집어 생각해보면 훨씬 명백해진다. 만약 들어갈 수 있는 구조가 〔미리〕 존재했다면, 무엇 하러 시험하고 협상하고 관찰하는 그 모든 행동이 필요하겠는가?[24] 개코원숭이는 〔이를 보여주는〕 유일한 비인간 유인원 사례가 아니다.[25]

우리는 지금까지의 개코원숭이 데이터와 논의를 다음과 같이 요약할 수 있다. 첫째, 개코원숭이 사회에 관한 전통적이고 지시적인 정의는 개코원숭이의 사회생활에 대한 다양한 데이터를 수용하지 못했다. 그 결과, 일부 정보는 '데이터'로 취급된 반면 다른 정보는 무시되거나 설명할 수 없는 불일치로 처리됐다. 둘째, 더 최근의 연구들은 개코원숭이들이 서로 협상하고 시험하며 감시하고 간섭하는 데 극히 많은 시간을 투자한다는 점을 보여준다.

사회의 수행적 정의를 통해 우리는 두 가지 '사실'의 집합을 통합할 수 있다. 이 정의에 따르면, 개코원숭이는 무리 안에 있는 것으로 보이지 않는다. 대신에 자신이 속한 사회와 무리, 그 구조와 경계를 정의하기 위해 분투하는 것으로 보인다. 그들은 계급 구조 내부에 있는 것으로 보이지 않고, 오히려 그들의 활동 자체가 그들의 사회 세계를 질서 지을 것이다. 이러한 관점에서, 변칙적이거나 고정적인 계급 구조는 개코원숭이가 반드시 적응해야 하는 사회의 한 지배적 원칙으로서가 아니라, 예측 가능한 상호작용의 기반을 탐색해 얻은 잠정적 결과로 발전했을 수 있다. 사회를 수행하는 개코원숭이들은 〔미리 존재하는〕 동맹 체제에 들어가기보다는, 어떤 관계가 유지되고 깨질지 미리 확실히 알지 못한 채 동맹의 가소성과 견고성을 시험한다. 요컨대, 수행적〔관점에서 본〕개코원숭이들은 그들의 사회가 무엇이고 무엇이 될지 적극적으로 협상하고 재협상하는 사회적 참여자다.

　　사회에 대한 수행적 설명은 전통적 모델보다 종적縱的 데이터를 더 잘 해명할 수 있을 것이다. 이는 포식자의 행동 방식,[26] 수컷의 상호작용,[27] 세력 투쟁의 완화,[28] 사회적 전략,[29] 사회적 계략의 발전,[30] 주요 연구 대상 집단의 분열[31]을 조사할 때 사실로 밝혀진다. 또한 사회를 '수행하는' 개코원숭이〔라는 아이디어〕는 교차 집단적cross-populational 데이터와 원숭이, 유인원 등 다른 종의 데이터를 더 일관된 방식으로 설명하게 해준다.

사회적 복잡성과 사회적 복합성

우리가 개코원숭이를 그들 사회의 활동적 수행자로 변모시킨다면, 그들을 인간과 동등하게 취급하는 것일까? 수행적 패러다임은 둘 사이에 중요한 구별 또한 도입한다. 차이점은 행위자가 사회란 무엇인지에 대한 자신의 개인적 버전을〔타자에게〕강제하거나 그 버전을 실행하도록 거대한 규모로 타자를 조직하는 실천적 수단이 무엇이냐에 있다.

행위자들이 가진 게 오직 자신뿐이라면, 즉 자원으로 가진 것이 자신의 몸뿐이라면 안정적인 사회를 건설하는 과업은 어려울 것이다. 아마 이것이 개코원숭이들의 경우일 테다. 그들은 누가 집단의 일원인지, 무엇이 집단의 적절한 단위체로 고려되어야 하는지, 다른 단위체와의 상호작용의 본질은 무엇인지 등을 결정하려 애쓰지만, 이러한 사안을 한 번에 하나씩 나누어 집중하거나 결정할 수 있게 하는, 단순하거나 단순화하는 수단을 갖고 있지 못하다. 나이, 젠더 그리고 친족 관계는 대부분의 상호작용에서 주어진 조건으로 받아들여질 것이다. 지배 체계의 확장도 친족 관계와 연결되므로, 지배 서열 역시 조건으로 주어질 수 있다.[32] 그러나 나이, 친족, 친족과 연결된 지배조차 결정적 지점에서는 협상의 대상일 것이다.[33] 수많은 변수가 동시에 충돌하는 것이다. 이것이 복잡성complexity의 정의다. 즉 복잡성은 '다수의 대상을 동시에 감수하는 것'이다. 개코원숭이들은 자신들에 관한 한 다양한 요소를 한꺼번에 소화하려 한다.

　　이제 우리는 개코원숭이가 복잡한 사회에 살며 복잡한 사회성을 지녔다고 여길 것이다. 사회질서를 구축하고 보수할 때 그들은 아주 제한된 자원과 자신의 몸, 사회적 기술, 그들이 구성할 수 있는 여느 사회적 전략만을 활용한다. 우리가 보기에, 한 번에 하나의 사안을 협상하지 못하고(많은 문제를 동시에 고려해야 하고) 비슷한 문제를 지닌 타자의 간섭을

사회적 연결을 재정의하기　　　　　71

끊임없이 받는 개코원숭이는 민속방법론자들이 묘사하는 능숙한 구성원의 이상적인 예다.* 제한된 자원으로는 약간의 사회적 안정성만을 이룰 수 있다.

더 강대한 안정성을 위해 필요한 것은 단지 추가 자원뿐이다. 즉 몸에 각인된 것과 사회적 기술로 이룰 수 있는 것 이상의 무언가가 필요하다. 물질적 자원과 상징은 '사회란 무엇인가'에 대해 특정한 관점을 강제하고 강화하며, 사회생활을 복잡성에서 우리가 **복합성**complication이라고 부르는 것으로 이동시킬 수 있다. 무언가가 단순한 작업의 성공적 산물일 때 그것은 '복합적'이다. 기계가 일련의 단순한 단계를 밟아나가

---

*　　민속방법론의 맥락에서 '능숙한 구성원competent member'이란 일상적인 상호작용에서 문제를 해결하고 정상적 상호작용을 유지하기 위해 필요한 기술과 지식을 가진 사람을 말한다. 개코원숭이를 능숙한 구성원이라고 부르는 것은 개코원숭이가 사회를 수행하기 위해, '복잡한' 사회적 과업을 이루기 위해 자신의 몸과 사회적 기술을 십분 활용함을 뜻한다. 이는 오히려 근대사회의 인간이 개체 수준에서 상대적으로 덜 능숙한 사회적 구성원일 수 있음을 시사한다. 정련된 물질과 기호가 사회적 과업을 단순화하고 대신할 수 있기 때문이다. 근대사회에서는 개체들이 덜 능숙하거나 심지어 부재하더라도 사회적 연결이 유지되는데, 수많은 물질과 기호가 촘촘하게 결합하여 사회질서와 구조를 끊임없이 안정화하기 때문이다. 혹은 근대사회의 '능숙한 구성원'은 사회적 과업을 단순화하는 기술과 지식, 수단을 통해 훨씬 거대한 규모로 타자를 조직하고 자신이 생각하는 사회의 버전을 관철할 수 있다. 저자들의 관점에서 사회에 대한 '지시적' 정의는 이러한 구조와 질서가 어떻게 구성되고 유지되는지 묻지 않은 채, 안정적이고 지속적인 사회구조와 질서의 존재를 전제하는 것이다.

며 임무를 완수한다는 점에서 컴퓨터는 복합적 구조의 전형이다. 우리는 복잡성에서 복합성으로의 이동이 사회생활의 유형들을 결정적이면서도 실천적으로 구별한다고 주장한다.

이 점을 더 잘 이해하기 위해, 개코원숭이의 사회생활을 이해하려고 관찰자들이 무엇을 했는지 살펴보자. 먼저 개체들은 식별되고 이름 붙여졌으며, 집단의 구성은 나이, 성별, 친족 그리고 지배 서열로 측정되었다. 행동 양식의 항목은 식별되고 규정되며 코드화되었다. 그러고 나서, 동시에 일어나는 다양한 상호작용 가운데 개체와 시기, 활동으로 구획된 한 부분집합에 의도적으로 주의가 집중되었다. 물론 우리는 이러한 절차가 그저 개코원숭이 사회에 실존하고 그 사회에 대해 알려주는 사회구조에 도달하는 엄정한 방법이라고 이해할 수도 있다. 과학적 작업에 대한 이러한 이해는 사회에 대한 지시적 정의에 잘 들어맞는다. 그러나 우리의 〔수행적〕 관점에서 보면, 인간 탐구자가 개코원숭이 사회를 이해하기 위해 행한 작업은 그야말로 인간 사회를 개코원숭이 사회와 다르게 만드는 과정 그 자체다. 근대적인 과학 탐구자는 변화무쌍하고 모호하며 끊임없는 행동, 관계, 의미의 복잡성을 단순하고 상징적이며 명확하게 다듬어진 항목들의 복합적 배열로 대체한다. 이러한 단순화는 중차대한 과업이다.*

* 인간은 '복잡한' 사회적 과업을 체계적으로 단순화함으로써 더 '복합적'이고 거대한 사회적 과업을 수행하거나 달성할 수 있게

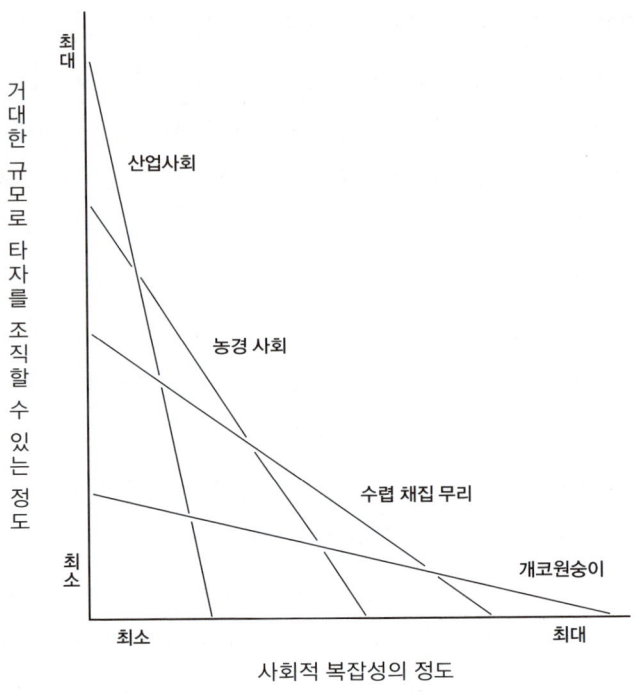

〈그림1〉 복잡성과 복합성의 교환

어떻게 사회적 복잡성이 사회적 복합성으로 이동하게 되는가? 〈그림1〉은 우리가 이 진행을 생각하는 방식을 보여

된다. 이렇게 보면 근대적 탐구자들이 영장류 사회를 이해하기 위해 행하는 여러 작업(반복되는 패턴 발견, 체계적 분류, 분류된 데이터의 정리 등)이야말로 복잡성과 복합성, 무른 사회와 견고한 사회의 차이를 낳는 '중차대한 과업'이다.

준다. 첫번째 선은, 우리의 용어로 말하자면 복잡한 사회성을 띠는 개코원숭이 사회를 나타낸다. 이 사회는 복잡하지만 복합적이지는 않은데, 개체가 타자들을 거대한 규모로 조직하지 못하기 때문이다. 그들의 강도 높은 사회적 협상은 자기 버전의 사회를 타자에게 강요하지 못하는, 혹은 사회를 안정적이고 영속적인 것으로 관철하지 못하는 그들의 상대적 무력함을 반영한다.

두번째 선은 가설적인 수렵 채집 무리를 표시한다. 이들이 사회를 구축하는 물질적·상징적 수단은 근대 산업사회에 비하면 빈약하지만, 개코원숭이에 비해서는 풍부하다. 여기서 언어와 상징, 물질적 대상은 사회질서의 본성을 탐지하고 협상하는 과업을 단순화하는 데 활용될 수 있다. 사회를 수행하는 데 있어 몸들은 각자의 사회적 전략을 지속하지만, 더 거대하고 지속적이며 덜 복잡한 규모로 그렇게 한다. 물질적 자원을 통해, 언어와 관련된 상징적 혁신을 통해 개체들은 타자에게 더 큰 힘과 영향력을 행사함으로써 사회질서의 본성을 규정할 수 있다.

세번째 선은 농경 사회를 나타내는 것으로, 여기서는 사회적 유대를 만들어내기 위해 더 많은 자원을 동원할 수 있다. 사실 (이 단계에 이르면) 개체가 이따금 부재하더라도 사회적 유대가 지속될 수 있다. 이 사회는 수렵 채집 무리보다 더 복합적이고 강력하며, 협상의 각 단계가 훨씬 덜 복잡하기 때문에 더 거대한 규모로 사회를 수행할 수 있다.

근대 산업사회는 도표의 네번째 선으로 그려진다. 여기서 개체는 타자들을 장대한 규모로 조직하고 '동원'할 수 있다. 우리의 설정에 대입해보면, 산업사회의 기술은 다른 인간, 동물 사회에 비해 사회적 과업을 덜 복잡하게 하면서 더 복합적으로 만드는 단순화의 기술이다. 다양한 요소를 일정하게 유지하고, 한 번에 하나의 변수를 순차적으로 협상함으로써 안정된 복합적 구조가 만들어진다. 사회적 복합성〔이 증대되는〕과정에 운용되는 육체 외적인extra-somatic 자원을 통해 다국적 기업, 주나 국가 같은 단위체가 구성될 수 있게 된다.[34] 우리가 스케치한 동향은 개코원숭이에게서 발견되는 복잡한 사회성에서 인간에게서 발견되는 복합적 사회성으로 진행된다. 타자에게 영향을 끼치거나, 사회에 대한 자신의 버전을 강요하거나, 영속적 사회질서를 만들 힘이 거의 없는 개체로부터 출발한 우리는, 개체가 사회적 협상을 단순화하기 위해 더더욱 많은 물질과 '육체 외적인' 수단을 운용하는 상황을 마주하기에 이르렀다. 이러한 상황은 타자―이때 타자가 물리적으로 현존하지는 않을지라도―를 거대한 규모로 조직할 능력을 개체에 부여한다. 새로운 추가 자원을 사용하면서, 사회적 행위자는 (수컷 개코원숭이들의 동맹처럼) 약하고 재협상의 여지가 있는 연합을 강하고 파괴할 수 없는 단위체로 만들 수 있다.[35]

수행적인 사회적 유대의 진화

수행적 틀을 채택하면 두 가지 중요한 공식이 뒤따라 생겨난다. 첫째, 모든 사회적 참여자에게 완전한 능동성을 부여한다. 그들은 각자 또 함께 사회를 만들어내며, 이론적으로는 모두 동등하다. 하지만 둘째로, 사회적 유대에 대한 자신의 정의를 관철하고 사회란 무엇인가에 대한 자신의 관점에 따라 타자를 조직하려는 행위자들이 어떤 실천적 수단을 갖고 있는지를 고려할 때, 새로운 비대칭성이 모습을 드러낸다.

이는 사회적 유대의 진화를 설명하는 새로운 방식을 제시한다. 이어지는 내용은 진화적 시나리오를 함축한다고 할 수 있을, 여러 의미의 사회들에 대한 분류다.

우리는 사회에 대한 통상적 정의, 즉 '연합하기'에서 시작할 수 있을 것이다. 그러나 어떻게 한 행위자가 사회적 연결을 유지하도록 할 수 있는가? 어떤 연합이 더 강해지고 오래 지속되는 동안 어떤 연합은 약해진다. 개코원숭이에서 인간에 이르는, 복잡성과 복합성에 대한 우리의 비교 작업은 자원들이 사회를 구성하고 안정화하는 데 영향을 미친다는 점을 시사한다.

사회라는 단어의 어원 역시 참고할 만하다. 그 뿌리는 'seq-' 'sequi'이며 뜻은 '뒤따름following'이다. 라틴어 'socius'는 함께하는 동료, 파트너, 동지, 동반자, 일행을 뜻한다. 'socio'

는 함께 뭉친 것, 연합, 공동으로 하거나 지속하는 것을 의미
한다. 다른 언어들에서 '사회'라는 단어의 역사적 계보는 우선
누군가를 뒤따르기, 그다음엔 등록하기나 협력하기, 마지막
으로는 공통점을 갖기라는 뜻으로 이루어진다. 이 세 가지 뜻
은 개코원숭이에게 꽤 잘 들어맞는다. 사회의 다음 뜻은 영리
사업의 지분을 갖는 것이다. 사회계약으로서 '사회'는 루소의
발명품이다. '사회' 자체를 사회적 문제이자 질문으로 여긴 것
은 19세기의 혁신이다. 가까운 단어인 '사교적sociable'은 사회
집단에서 예의 바르게 지내는 개인의 기술을 가리킨다. 단어
의 변천을 통해 명확히 알 수 있듯, 사회의 의미는 시간이 지
남에 따라 좁아졌다. 모든 연합과 동연적인coextensive〔연합의
모든 방식을 아우르는〕 정의에서 출발했지만, 오늘날 일반적
으로 사용되는 '사회'의 의미는 연합에서 각자 전담하는 부분
을 취하는 정치, 생물학, 경제, 법, 심리학, 경영, 기술 등등을
뺀 나머지로 제한된다.

우리가 지지하는 수행적 틀은 사실상 '사회'라는 단어에
연합이라는 원래의 뜻을 돌려준다. 이러한 정의를 사용하면
사회를 달성하는 조직체들의 **실천적 방식을** 비교해볼 수 있
다. 〈그림2〉는 수행적인 사회적 유대의 가능한 진화 방식에
대한 우리의 관점을 요약한 것이다. 우리는 행위자가 사회를
만들고 연합시키기 위해 활용하는 자원의 유형에 집중했다.
'자원'이라는 관념을 특정 의미로 제한하지는 않았다.

군집의 발생

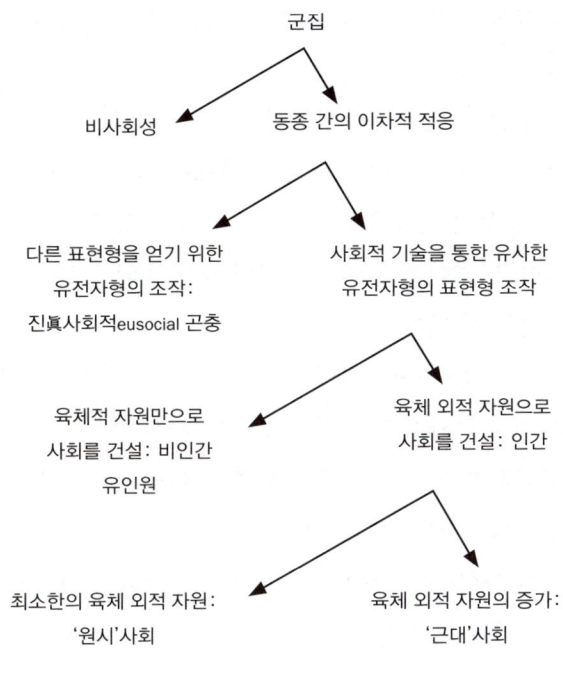

군집

비사회성 ← 동종 간의 이차적 적응

다른 표현형을 얻기 위한
유전자형의 조작:
진眞사회적eusocial 곤충

사회적 기술을 통한 유사한
유전자형의 표현형 조작

육체적 자원만으로
사회를 건설: 비인간
유인원

육체 외적 자원으로
사회를 건설: 인간

최소한의 육체 외적 자원:
'원시'사회

육체 외적 자원의 증가:
'근대'사회

〈그림2〉 수행적인 사회적 유대의 발달

사회의 기원에 대한 다양한 설명에서 '사회'가 최초로 의
미하는 것은 동종의 군집이다.[36] 그러나 대부분의 설명은 군
집과 사회적 기술의 기원을 구별하는 데 실패한다. 군집이 한
번 생겨나면, 그 원인이 뭐가 됐든 간에[37] 우리의 모델에서는
두 가지 다른 전략이 가능하다. 첫번째는 행위자가 가능한 한

타자에게서 달아나고 격리되는 것이다. 이 선택지는 잠깐의 번식기나 일시적 연합을 제외하면 혼자 지내는 비사회적 동물을 발생시킨다.

두번째 선택지는 더 흥미롭다. 군집을 이룬 개체는, 〔무리에서〕 달아나지 않는다면 동종의 새로운 환경에 적응해야만 한다. 이는 동물 행동을 다루는 문헌에서 가장 일반적인 사회의 의미다. 일원이 동종끼리 가까이 지내기 위해 행동 양식을 변화시키는 것 말이다. 사회를 만들고 유지하는 기술을 획득하는 것은 대체로 동종 간에 형성되는 환경에 대한 이차적 적응이다. 새로운 사회적 환경에서 이용당하지 않기 위해, 개체는 더 영리하게 서로 조종하고 계책을 부릴 줄 알아야 한다.

사회적 선택지가 한번 골라지고 나면 〔다시〕 두 가지 다른 가능성이 출현한다. 첫번째는 유전자형이 사회적으로 구분될 때까지 변형되는 경우다. 곤충 사회는 행위자들의 몸이 비가역적으로 조형된 예다. 이와는 다른 사회의 의미를 두번째 선택지에서 찾을 수 있다. 즉 유전자형이 유사한 표현형을 낳는 경우다. 이런 표현형은 개체들의 끊임없이 향상되는 사회적 기술에 의해 조작된다. 이 선택지는 다시 두 가지 대안으로 갈라진다.

개코원숭이는 그중 첫번째 예를 제공한다. 사회적 기술은 사회란 무엇인가에 대한 행위자의 정의에 타자를 등록〔동참〕시키는 데 필수다. 하지만 개코원숭이는 '무른soft 도구'밖에 갖고 있지 않고, 따라서 '무른' 사회밖에 건설할 수 없다. 그들은 자신의 신체와 지능, 장기간 축조한 상호작용의 역사 말고는 자신의 정의를 타자에게 설득하고 회유할 다른 방도가 없다. 이는 복잡한 과업이며, 오직 사회적으로 '영리하고' 능숙한 개체만이 개코원숭이 사회에서 성공할 수 있을 것이다.

두번째 가능성은 사회적 유대를 정의하고 강화할 추가 수단을 획득하는 것이다. 여기에 걸맞은 예로는, 과업을 단순화하는 데 물질적 자원과 상징을 활용함으로써 사회를 창안하는 인간의 경우를 들 수 있다. 사회적 상호작용은 더 복합적이지만 덜 복잡해진다. 개코원숭이에게는 타자들 속에서 사회를 달성하는 데 많은 기술이 필수였다면, 이 선택지에서는 상징적이고 물질적인 유대의 창안이 그 역할을 대신한다. 그 결과, 행위자들은 이제 사회를 만들려 하기보다는 그들을 압도하는 물질 사회에 끼워 넣어지는 것처럼 보인다(앞서 논했던 [사회에 대한] 전통적 패러다임[의 관점]).

인간 사회에서는 추가로 갈래가 나뉜다. '원시'사회는 최소한의 물질적 자원으로 형성된다. 자원의 증가는 '근대'사회를 낳는다. 따라서 [자원을 도식화하고 종합하여 지식의 대상으로 만드는, 즉 표상하는] 테크놀로지는 거대한 규모로 사회를 건설하는 문제의 유일한 해법이다. 이런 의미에서 근대의 테크놀로지는 사회적이다. 그것은 사회의 수행과 개체들의 동원에 쓰이는 더 많은 자원을 표상한다represents.*

우리의 이론적 모델을 요약하자면 이러하다. 개체들이 한번 군집을 이루고 서로 피하지 않기로 한다면, 그들은 동종 간의 새로운 경쟁적 환경에 이차적으로 적응해야만 한다. 〔이 적응에는〕 두 가지 전략이 가능하다. 다른 표현형을 얻기 위해 유전자형을 조작하기(진사회적eusocial 곤충), 아니면 향상된 사회적 기술로써 유사한 유전자형의 표현형을 조작하기. 사회적 삶에 적응하는 유사한 몸들에게는 다시 두 가지 가능성이 있다. 오직 사회적 기술만을 활용하여 사회를 건설하기(비인간 유인원), 아니면 사회적 유대를 규정하는 데 필요한 물질적 자원과 상징을 추가로 활용하기(인간 사회). 인간

*   훗날 『우리는 결코 근대인이었던 적이 없다』(1991)에서 라투르는 근대 과학을 사물에 대한 표상 체계representation system로, 근대 정치를 인민에 대한 대의 체계representative system로 정의한다. 즉 정치와 과학 모두 무언가를 '재현하는represent' 문제다. 사물을 지식으로 표상하는 과학기술은 더 많은 비인간을 인간 사회의 안정화, 복합화에 동원될 수 있게 한다. 따라서 사회는 기술적이고 기술은 사회적이다. 그러나 라투르에 따르면 두 재현 체계는 적절하게 통합될 수도, 비교될 수도 없었는데, 그 둘의 분할을 보증하는 것이 바로 근대성, 이른바 '근대성의 헌법constitution'의 핵심이다. 이 근대적 헌법의 체계는 물밑에서 사회-기술적 하이브리드를 엄청나게 증식시켰으나, 지식의 차원에서 혹은 공적인 정치적 자격으로 하이브리드를 표상/대표하지 않았다. 인간 사회의 확장, 안정, 풍요를 위해 물밑에서 동원된 비인간, 그리고 엄청나게 증식한 하이브리드가 오늘날에는 사회와 문명을 위협하는 숱한 위기로 돌아오고 있다. 그것이 라투르가 말하는 '하이브리드의 귀환'이다. 브뤼노 라투르, 『우리는 결코 근대인이었던 적이 없다』, 홍철기 옮김, 갈무리, 2009 참조.

단계에서 다른 유형의 사회들〔원시사회부터 근대사회까지〕
은 그 사회가 사용하는 새로운 자원의 범위에 따라 형성된다.

정치

사회의 의미에 대한 우리의 탐색이 정치에는 어떻게 적용될
수 있을까? 물론 대답은 정치를 어떻게 정의하느냐에 달려
있다.[38] 가장 간단하고 넓은 차원에서 정치란 단순히 "현명한,
신중한, 기민한 사람"이 "편의에 맞고, 능숙하게 고안한 조
치"인 정책으로 특징지어진다(『옥스퍼드 영어사전』). 슈버
트[39]는 종간 진화론적 비교를 허용하는 정의를 제안했다. 그
에게 정치란, 개체가 밀접한 관계에 있는 타자가 아니라 큰 사
회집단 안에서 함께 살아가는 타자들에게 영향력과 통제력
을 미치는 양식이다. 이러한 집단 안에는 집단의 문화 규범을
결정하는 정책을 통제하기 위해 협력하거나 경쟁하는 하위
집단이 있다.[40]

우리의 접근과 슈버트의 제안 모두, 동종에 영향을 미치
고 통제력을 행사하는 능력을 정치적 행동에서 중요한 측면
으로 본다. 사회에 대한 수행적 정의로 이동하면서, 우리는
사회적 연결을 협상과 통제를 위한 능동적 시도로 구상했다.
인간 집단들의 사이가 다른 종들의 사이와 차이점이 있다면,

그건 타자를 조직하고 동원하며 변화시킬 수 있는 규모에 있다. 우리의 모델에서 물질적 자원과 상징은 (개체가 타자에게 최소한의 영향력을 갖는) 제한된 안정성을 지닌 '무른' 사회와 (개체가 현전하지 않을 때조차 타자에게 영향을 미칠 수 있는) 안정적이고 '견고한' 사회를 구분하는 데 중요한 역할을 한다.

우리가 사회적 유대의 진화에 대한 우리의 버전을 통해 사회적 유대를 재정의하고 그 발전을 추적했듯, 사회성의 시작점에서 정치적 행동의 시작점을 식별해낼 수 있을까? 개체들이 상대적으로 수동적이며, 그들을 압도하는 사회로 진입한다는 전통적 관점은, 분명히 개체가 '행위자'가 되고 '사회란 무엇인가'를 정의할 자주성을 지닐 때 정치적 행동이 시작된다고 생각하게끔 유도할 것이다. 이 관점에서 보면 그러한 자주성은 진화적 시간 척도에서 매우 늦게 나타난다. 하지만 〔이러한 관점과는 반대로〕 모든 행위자가 어느 정도는 사회를 '수행'하며, 처음부터 조사하고 탐사하고 협상하고 재협상하는 능동적 참여자라면, 우리는 정치적 행동의 시작점을 어디에 적당히 위치시킬 수 있을까? 주요 협상이 표현형의 출현 이전에 벌어진다는 이유로 진사회적 곤충을 배제해야 하는가? 비인간 영장류는 영향을 끼칠 수 있는 영역이 그들의 물질적·상징적 자원의 범위에 의해 제한되므로 배제해야 하는가?

슈버트의 '생물학적 행동주의'에 입각한 정의의 요점은 비인간 영장류에게 정치적 행위성을 부여하는 일(적어도 최근의 몇몇 연구가 했던 일[41])을 경계하라고 주문하는 반면, 우리 논의의 요점은 우리가 '사회'라고 부른 것과 정치라고 정의되어온 것 사이에 더 밀접한 연관성을 끌어내는 것이다. 이러한 노력은 개미, 개코원숭이 그리고 이를테면 펜타곤의 기술관료 사이의 중대한 차이를 지우지는 못한다. 오히려 새로운 방식으로 차이의 근원을 강조한다. 즉 사용되는 자원들과 그것들을 동원하는 데 요구되는 실천적 작업 말이다. 자원에 대한 우리의 정의에서 가령 유전자, 권력, 언어, 자본 및 기술은 모두 점점 더 안정적인 방식으로 타자에 대한 영향력을 강화하는 전략적 수단으로 간주된다. 정치는 다른 것들과 분리된 하나의 행동 영역이 아니다. 우리가 보기에, 정치는 갈수록 부수기 어려워지는 사회적 연결 고리로 많은 이질적인 자원을 엮어내는 것이다.

권모술수뿐만 아니라
기계를 위한
『군주론』을 쓰는 법

이 논문의 초안은 1986년 6월 에든버러의 캐나다학 연구소가 주최한
'테크놀로지와 사회변동' 회의에서 발표되었다. 자극이 되는 대화를
나눠준 미셸 칼롱, 마들렌 아크리히Madeleine Akrich 그리고 에스헨데의
'더보르더레이De Borderij'에서 만난 네덜란드 동료들에게 감사하다.

민주주의를 재규정하기 위해
『군주론』을 확장하기

근본적으로 공화주의자인 마키아벨리는 『로마사 논고』에서
민주주의의 기반을 수립했다. 그럼에도 『군주론』을 쓴 탓에
그는 종종 위험하고 비도덕적인 냉소주의자로 취급된다. 그
러나 두 책은 실질적으로 같은 이야기를 하고 있다. 민주주의
가 안정적이려면 권력의 냉혹한 현실을 이해해야 한다는 것
이다. 마키아벨리가 보기에, 이중성은 자신의 분석이나 그가
분석하는 군주들의 본성에 있는 게 아니라 덕과 악을 임의로
구분하는 역사가들에게 있다. 이를테면 한니발은 많은 인종
과 민족으로 구성된 군대를 통합된 상태로 유지할 수 있었다.
"이는 전적으로 그의 비인간적인 잔혹함 때문이었다. 다른 수
많은 역량 중에서도, 이 잔혹함 때문에 그는 병사들로부터 두
려움과 존경을 샀다. 잔혹함이 없었다면 다른 자질들만으로
는 충분치 않았을 것이다. 이를 거의 생각하지 않았던 역사가
들은 한니발의 업적을 칭송하면서도 한편으로는 그 업적의
주된 이유를 비난한다."[1] 그 책에서 마키아벨리는 도덕가, 시
민, 역사가에 의해 만들어진 선악의 구분을 넘어서는 일련의
규칙을 제시한다. 규칙들은 모두 다음의 최상위 규칙으로부
터 연역된다. 적들과 불리한 운명 속에서도 권력을 좀더 오래
유지하기. 이 규칙을 명료하게 이해하고 나면, 기괴하거나 충

격적인 예외로 보이던 것들을 하나의 목표를 달성하기 위해 마련된 다양한 전술과 전략으로 고려할 수 있게 된다. 예를 들어, 도덕적으로 행동하는 것은 규칙이나 예외가 아니라 여러 선택지 중 하나다. "어떤 상황에서나 선하게 행동하려는 사람은 선하지 않은 사람들 사이에서 필시 비참해진다. 따라서 군주가 권력을 유지하려면 덕을 배울 것이 아니라, 필요에 따라 덕을 활용하거나 활용하지 않는 법을 배워야 한다."[2] 이 문장은 마키아벨리의 평판을 나쁘게 하는 데 큰 역할을 했지만, 그의 관점에서 볼 때 도덕성을 높일 수 있는 유일한 방법이며, 이런 관점에서 벗어나기는 쉽지 않다. 그의 저서는 도덕적 민주주의자들의 협상 여지를 적어도 피에 굶주린 폭군들의 협상 여지만큼 키우는 것을 목표로 한다. 그는 모든 공화주의자에게, 만약 도덕적이고 싶다면 도덕성에 대한 독선적 감각보다 훨씬 많은 것이 필요하며, 많은 동맹이 필요할 것이라고, 또 그 동맹 중 다수가 당신을 배신할 것이라고 말한다. 윤리적인 자신에게 만족하는 대신, 동맹자를 섭외하고 적들과 싸우며 모든 적을 경계해야 한다.

그 모든 교활함과 열정, 대범함을 갖추고도 마키아벨리는 오늘날 군주들의 이중성을 예측할 수 없었고 오늘날 민주주의자들의 비겁함과 독선을 예상할 수도 없었다. 그가 설명한 권모술수는 다른 사람들의 정념과 속임수에 기초해 있다. 그가 자신의 조합에 명시적으로 추가한 유일한 비인간 동맹자는 요새와 무기뿐인데, 전자는 적들의 점령 속도를 늦춘다는 이유에서, 후자는 "무장한 사람과 그렇지 않은 사람은 상대가 되지 않는다"[3]라는 이유에서 추가된 것이다. 이 두 가지를 제외하면—그리고 아이러니하게도 그가 제쳐둔 초자연적 동맹자들을 빼면—마키아벨리는 그저 한 인간이 다른 인간을, 또 그 인간이 또 다른 인간을 통제하게 하는 방식으로 계책을 수립한다. 따라서 그의 세계는 〔좁은 의미에서〕 사회적이다. 퇴락하는 사회질서를 지속적으로 회복하는 데 사회적 힘은 유일하지는 않더라도 가장 중요한 자원이다.

　이런 관점은 오늘날에는 적용될 수 없다. 또한 이는 마키아벨리의 세계가 아무리 피비린내 나는 문제투성이더라도 우리에게는 설익고 단순한 세계로 보이는 이유이며, 그의 교활한 전략이 오늘날 우리가 얽히고설킬 수밖에 없는 전략들에 비해서는 무력할 정도로 순진해 보이는 이유다. 우리가 이해해야 하는 이중성은 더 이상 말을 바꾸는 군주와 교황의 이중성이 아니다. 이제 우리가 이해해야 하는 것은 인간과 비인간 동맹자에게 동시에 호소하는 이중성이다. 인간의 오래된 정념, 배반, 어리석음에 우리는 전자·미생물·원자·컴퓨터·미사일의 완고함, 교활함, 힘을 덧붙여야 한다. 이중적이게도 항상 군주는 불에 달궈진 두 인장을 가지고 있는데, 하나는 인간 동맹자에게 작용하고 다른 하나는 비인간 동맹자에게 작용한다. 요컨대 수 세기 동안 위협을 받으며 권모술

수machinations에 대항해 싸워야 했던 민주주의자들은 이제 기계machines를 헤쳐나갈 방법을 찾아야 한다. 이 글에서는 기계와 권모술수, 기술과 사회를 동시에 묘사할 수 있게끔 『군주론』을 확장할 방법을 탐구하려 한다.

테크놀로지*와 사회는 분석가의 이중성으로 인한 두 개의 인공물이다

마키아벨리의 시대와 마찬가지로 이중성은 무엇보다 분석가들의 해석 자체에 있다. 군주가 그의 인간·비인간 동맹자들을 동시에 엮는 방식을 추적하는 대신, 분석가들은 무질서한 군중을 두 개의 균질한 집합으로 변형시킨다. 하나는 인간끼리의 결합으로 이루어지고, 다른 하나는 그들이 설명해야 하는 전략의 비인간적 요소들을 한 덩어리로 뭉뚱그린 것이다. 남아프리카공화국의 아파르트헤이트 제도조차 한편에는 사

---

* 이 글에서 라투르는 '테크놀로지technology'를 인공물의 집합이나 '기술'과는 다른 뜻에서 쓰겠다고 밝히고 있다(미주4 참조). 인식론epistemology이 인식의 조건에 대한 담론이나 학문을 뜻하듯 테크놀로지를 기술에 대한 담론이나 학문의 의미로 사용하겠다는 것이다. 저자의 뜻을 따라 어감상 다소 어색한 데가 있음에도 이 단어를 대체로 '테크놀로지'로 음차했다. 문맥에 따라 '기술학'으로 옮긴 부분도 있다. '기술'로 옮긴 것은 technique나 technic이다.

회적 유대, 다른 한편에는 기술로 분리하는 발전 방침을 함축하는 이러한 격리보다는 덜 부자연스럽다. '사회'라고 불리는 것과 '테크놀로지'라고 (잘못[4]) 불리는 것이, 권력자들을 추적하기에는 권력을 너무 좁게 정의하는 분석가들에 의해 동시에, 대칭적으로 만들어진 두 인공물이라는 점을 먼저 이해하지 못한다면 권력의 근대적 형태를 파악하는 건 불가능하다. 군주의 교활함을 교차하지 않는 두 평행선으로 변형시키는 것은 한니발의 위업을 잔혹함과 분리하는 것만큼, 혹은 온갖 장비와 벌거벗은 인간을 전장의 양 끝에 나누고 전투를 준비하는 것만큼이나 터무니없다. 만약 토머스 휴스가 에디슨에 관한 모범적 연구[5]에서 모든 기술적 요소(램프, 발전소, 변압기…)와 사회적 요소(기관, 금융, 홍보…)를 나누고 나중에 두 집합 사이에 연결 고리를 만들려고 시도했다면 얼마나 터무니없어 보였겠는가! 한니발의 역사가 역사가들의 도덕주의로 모호해진다면, 우리가 종종 읽게 되는 사회-기술 얽힘 imbroglios의 역사에 대해서는 어떻게 말해야 할 것인가?

『군주론』을 확장하고 역사를 덜 모호하게 만들기 위해 가장 먼저 해야 할 일은 사회와 기술이라는 쌍둥이 인공물을 없애는 것이다. 그러기 위해 우리는 그저 새로운 군주의 위치에 서보면 된다. 이것이 마키아벨리가 했던 일인데, 그럼으로써 그는 앞선 저자들의 좁은 윤리적 규율을 넘어섰다. 또 이것은 동시대 기술사회학의 가장 뛰어난 분석들이 해온 일이기

도 하다.[6] 만약 〔그 예로〕 제시할 수 있는 몇 안 되는 현장 연구
를 하나의 그림으로 요약할 수 있다면 다음과 같을 것이다.

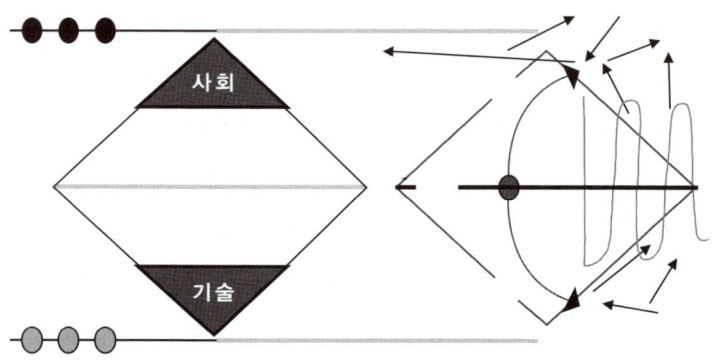

　　각 사례연구는 사회와 기술이라는 두 인공물(다이어그
램의 왼쪽 부분)로부터 주의를 옮겨 사회-기술적 위치로 우
리를 이끈다. 그곳에서 우리는 혁신가나 기업가가 인간 행위
자와의 동맹 집합에 비인간 행위자와의 또 다른 동맹을 끌어
들이고, 그렇게 함으로써 협상의 단계마다 혼합물의 이질성
을 증가시키는 모습(그림의 오른쪽 부분)을 보게 된다. 길필
런이 특유의 문체로 쓴 것처럼, "인간은 오늘날 치아가 아니
라 도구로 싸우며, 힘이 아니라 사고로 경쟁한다."[7] 이것이 존
로가 적절하게 "이질적 공학"[8]이라 부르고, 비슷한 맥락에서
토머스 휴스가 "이음매 없는 망"[9]이라고 이름 붙인 것이다. 이
중성은 두 소원한 공동체들의 격리된 발전—왼쪽의 상단 선

과 하단 선—이 아니라, 이질적 동맹이 공동으로 참여하는 협상—오른쪽의 중간 선—에서 볼 수 있다. 이러한 사례연구에서 교훈을 얻은 분석가는 이제 기술과 사회 사이에서 사분오열하지 않고, 그가 관찰하는 행위자들만큼이나 자유로워진다.[10] 말할 필요도 없이 이 새로운 위치는 사회적 측면과 기술적 측면 사이에서 신중하게 균형을 잡는 중도가 아니다. 마키아벨리의 군주가 반은 정직하고 반은 교활한 건 아니듯 말이다. 이는 모든 윤리적·사회적·기술적 정의가 새로운 목표에 종속되는 전략적 위치다. '새로운 목표'는 뒤에서 정의될 것이다.

사회학적·역사적 현장 연구의 주요 결과가 크리스토퍼 프리먼이 적절히 요약한 SAPPHO 프로젝트* 같은 경제·경영학 연구의 핵심 주장과 일치한다는 점은 흥미롭다.[11] "성공과

---

*　SAPPHO는 영국의 경제학자 크리스토퍼 프리먼Christopher Freeman이 1960년대부터 1970년대 중반까지 주도한 연구 프로젝트로, 산업 혁신의 성공과 실패 요인을 기업·조직 단위의 광범위한 사례연구로 조사한 것이다. 이 연구에서 혁신의 성패를 구분 지은 가장 뚜렷한 변수는 '사용자의 요구가 이해되었는가'였다. 즉 혁신이 시장의 수요와 맞아떨어졌을 때 성공 가능성이 높았다. 그런데 사용자의 요구 혹은 시장의 수요는 그야말로 끊임없이 변하는 환경이고, 심지어 기업의 혁신 자체가 그 환경에 영향을 미친다는 점에서 안정적으로 분석되거나 포착될 수 있는 변수가 아니다. 이후 라투르가 언급하는 '사포식 지혜'는 변화하는 요소들의 배치에 적절히 반응하면서 전략을 끊임없이 수정하는 요령이나 태도를 말하는 듯하다.

실패를 가장 명확하게 변별하는 하나의 척도는 '사용자의 요구 이해'였다. 이것이 단순히 효율적 시장 조사의 지표 정도로 이해되어서는 안 된다. 이 척도는 연구개발(R&D)과 디자인, 나아가 경영 혁신에도 똑같이 적용된다. 잠재적 사용자의 구체적 요구를 충족하기 위해 제품이나 프로세스를 디자인하고 개발하며 오류를 제거해야 하므로 아주 초기 단계에서부터 시장을 '이해'해야 한다."[12] 이 결론은 혁신에 관한 우리의 연구[13]뿐만 아니라 더 경영학적인 문헌[14]에서도 마찬가지로 확인할 수 있다. 마키아벨리적 관점에서 보면 이러한 연구가 그다지 놀랍지 않은데, 이렇게 말한다고 해서 연구의 질을 과소평가하는 것은 아니다. 다만 이 '사포식 지혜Sapphic wisdom'는, 전쟁의 승자란 특정 지역에서 특정한 적을 이기는 데 병사와 무기, 병참을 연관시키는 사람이라는 점을 강조한다. 사실 그렇지 않다면 오히려 놀라운 일일 것이다! 좀더 평화로운 예를 들자면, 스크래블 게임에서 좋은 플레이를 하기 위해 플레이어가 보드의 변화하는 구조를 살펴보는 동시에 자신이 가져온 모든 글자의 조합을 시도한다는 사실에 놀라는 사람을 생각해보라. 이러한 사회학·경영학 연구가 새롭고 중요하다는 사실을 이제야 알게 된 것이 우리 사회학과 기술학의 안타까운 상황이다.

기계는 사실 복수複數의 전선에서
작동하는 권모술수다

과거 분석가들이 아첨하면서 군주의 교활함에 덧댄 과도한
이중성을 제거했으니, 이제 그 교활함 자체를 이해할 차례다.
마키아벨리적 모델을 따르려면, 군주가 인간과 비인간 동맹
에 호소해야 하는 싸움이란 과연 무엇인지를 가장 먼저 질문
해야 한다.

　　마르크스는 이 질문에 답을 제시했는데, 그 영향력이 너
무 커서 처음에는 사회-기술에 대한 분석을 자극했으나 나중
에는 억눌렀다. 그는 자본가로 개명한 군주를 계급투쟁 속에
위치시키면서, 생산과정에 도입되는 여하한 기계와 메커니
즘이 번번이 노동자를 대체하고 교체하고 숙련도를 떨어뜨
리고 모욕하고 훈육한다고 보았다. 즉 그 모든 기계와 메커니
즘은 노동자들의 저항을 분쇄하는 것이었다. 전술적 규칙은
간단했다. 노동자들이 당신을 괴롭힌다면, 기계 제작자들에
게 호소하라. 노동자들이 파업하거나 규율을 지키지 않는다
면, 그들의 유대를 어떤 메커니즘의 일부로 대체하라.[15] 브레
이버먼의 신세계[16]에서 모든 기계는 노동자들에게 대적하는
권모술수이며, 러다이즘*은 그 형태가 무엇이든 간에 이 책

　　*　　흔히 '기계 파괴 운동'으로 여겨지곤 하는 러다이즘Ludism 혹은
　　　　러다이트Luddite 운동은 역사적으로 19세기 초 산업혁명기의

략(내가 '엘러다이즘'이라고 부르고 싶은 지적 대립물)에 대한 저항이다.

이런 입장의 주요 난점은 도널드 매켄지가 매우 훌륭하게 지적한 바 있다.[17] 기계의 도입이 노동자들을 공격하지 않을 때마다 말문이 막힌 많은 마르크스주의자는 기술적 요인과 그 밖의 결정론을 이야기하기 시작한다. 기계가 섬유 노동자들의 숙련도를 떨어뜨릴 때 그들은 무슨 말을 할지 잘 알지만, 기업이 고도로 숙련된 노동자들을 만들어낼 때는 이를 불가사의한 예외로 보거나, 아니면 매켄지의 말대로 "표면적 경향"에 불과하다고 여긴다. 한 세기 동안 예외가 폭증했지만, 마르크스주의자들은 '테크놀로지는 사회적으로 형성된다'라는 그들의 주장을 증명할 길이라고는 계급투쟁이 실제로 어떻게 작동하는지 보여주는 것밖에 없다는 교리에서 마지못해 벗어났을 뿐이다. 그들은 군주에게 적이 둘—노동자들과

노동자들이 기술 변화에 대응해 벌인 정치·경제적 저항 운동이다. 러드 장군General Ludd 혹은 네드 러드Ned Ludd라는 가상의 인물을 상징으로 내세운 노동자 집단이 방직기·편직기 등을 파괴하며 임금 삭감, 고용 불안, 노동조건 악화에 항의한 데서 유래했다. 라투르가 그 '지적 대립물'이라고 지칭한 '엘러다이즘Elludism'은 엘리트주의와 러다이즘을 합친 조어로, 기계를 도입함으로써 노동자의 역량이나 권리를 약화하려는 지배계급 혹은 유산계급의 책략을 지칭하는 말인 듯하다. 물론 라투르는 엘러다이즘과 러다이즘의 대립 구도가 현실을 이해하기에는 지나치게 단순하고 이분법적이라고 보고 있다.

다른 군주들—보다 많을 수 있다는 생각도, 여러 전선에서 동시에 고군분투하면서 다른 군주들에게 저항하기 위해서는 고도로 숙련되고 독립적인 협력자가 필요할 수 있다는 생각도 좀처럼 하지 않았다. 도덕주의적 역사가들은 한니발의 업적은 칭송하면서 그의 잔혹함은 비난했다. 마르크스주의자들은 자본가들의 잔혹함을 비난하면서 노동자들을 숙련시키는 기술에 대해서는 칭송한다. 두 경우 모두 같은 모순을 드러낸다. 그들은 단 하나의 구분(선/악, 자본가/노동자)만을 가정하지만, 실제로는 여러 구분이 존재하며 군주는 최우선 목표에 따라 그중에서 선택한다. 농민이나 장인을 훈육하는 것이 자본가들이 분투하는 주요 문제였던 19세기에는 마르크스주의자들의 통찰력이 빛을 발했지만, 오늘날에는 거의 항상 시대에 뒤떨어진다. 명백한 계급투쟁으로 테크놀로지를 설명할 수 없을 때 그들은 그들 말고는 누구도 알아차릴 수 없는 은밀한 계급투쟁을 만들어내고, 아니면 더 나쁘게도 테크놀로지의 일부 측면이 '중립적'이거나 심지어 어쨌든 결국엔 '선할' 수도 있음을 인정하고 만다.

계급투쟁이 더 이상 중요하지 않다는 말은 마키아벨리주의적 군주들이 언제나 사악하다는 말만큼이나 터무니없을 테다. 다만 우리가 이해해야 하는 것은 군주가 얼마나 다양한 투쟁에 연루되어 있는가다. 그렇기 때문에 군주는 필요에 따라 때로는 착취하고 때로는 보상하며, 때로는 거짓말하고 때로는 진실을 말하며, 때로는 노동자의 숙련도를 향상시키고 때로는 떨어뜨린다. 군주의 전략이 얼마나 미묘해야 하는지 이해하려면 얼마나 많은 전선이 추가되어야 할까? 가장 명백한 전선들을 열거해보겠다.

〔노동자와의 첫번째 전선에 이은 두번째 전선:〕 군주가 자신의 협력자, 조언자, 부서 들과 벌이는 궁전 내부의 투쟁은 결코 사소하지 않다. '귀족'에 대한 마키아벨리의 연구와 조직에 대한 근대 사회학 연구들은 이 점을 서술한 바 있다. 많은 기술—특히 연성softer 기술—이 협력자들을 무력화하거나 통제하기 위해 고안되고 차용되며 변형된다. 이런 기술은 아직 지배력을 갖지 못한 군주가 군주를 자처하는 다른 이들에 맞서 싸워야 할 때 특히 치열해진다. 군주의 차원은 사전에 확정된 것으로 간주되어서는 안 되며, 때에 따라 국가 전체에서 그저 군중 속 한 사람에 이르기까지 달라진다.[18] 군주가 프로테우스처럼 개인인지, 집회인지, 기술 구조인지, 국가인지 집합체인지는 확정적이지 않다.

세번째 전선은 다른 군주들에 의해 끊임없이 형성된다. 그들의 침략에 저항하기 위해 새로운 동맹(인간이든 비인간이든)을 많이 영입하고 줄 세워야 하며, 그러려면 내부의 전선을 완화해야 할 수도 있다. 세 전선(노동자, 협력자, 다른 군주)을 함께 관리하는 것만으로도 벌써 많은 재주를, 즉 '이질적 공학'을 요구한다.

네번째 전선은 극히 중요하며, 마키아벨리는 이를 두고 '인민'이라는 이름으로, 근대 경제학자들은 '소비자'라는 이름으로 연구한다. 인민이 군주를 따르도록 설득하거나 소비자가 상품을 택하도록 설득하려면 어떻게 해야 할까? 어떤 군주는 소비자의 흥미를 끌고, 그들을 만족시키고 유혹하며, 강요하고 포획하고 심지어 억류하기 위해 극단적인 짓마저 하지 않는가. 사람들은 얼마나 믿을 수 없고 변덕스러운가. 항상 의견이 바뀌고 유행과 정념에 휘둘리니까 말이다. 이들을 제대로 정렬시키기 위해서는 새롭고 신선한 자원이 끊임없이 필요하다. 이 네 전선(노동자, 협력자, 다른 군주, 소비자)을 함께 관리하는 데만 해도 사회-기술적 혁신의 확장이 요구되며, 챈들러가 탁월하게 묘사했듯 거대 기업이라는 새로운 리바이어던이 필요해진다.[19]

　　다섯번째 전선 역시 중요하지만 지나치게 간과되어왔다. 마키아벨리는 요새와 무기에 관해 말하면서 이 전선을 지나치듯 슬쩍 건드렸을 뿐이지만, 엔지니어와 기술학자들은 이를 자세히 문서화했다. 어떻게 비인간 동맹자들이 인간의 일에 관여하고, 사회적 투쟁에 참여하며, 권력을 구축하는 데 연루되도록 할 것인가? 이들은 얼마나 믿을 수 없고 변덕스러우며 훈육되지 않은 존재인가. 항상 우리의 손아귀를 벗어나고 의견을 바꾸며 우리의 기대를 배반하니까 말이다. 이러한 비인간 행위자의 이름으로 말한다고 주장하는 사람들을 얼마나 신뢰할 수 있을까?

다섯 전선에서 동시에 싸우는 일은 상당한 사회-기술적 재주를 요하며, 마키아벨리가 예상하지 못했던 것, 즉 휴스가 아름답게 묘사한 '힘의 네트워크'를 만들어낸다.[20] 여기서 사람들을 자리에 붙잡아두는 많은 거점은 실제로는 전기나 구리, 계량기, 심지어 공기 등으로 구성된다. 마키아벨리는 사랑받는 것과 두려움을 사는 것 중 무엇이 군주에게 나은가 하는 질문에 "사랑의 유대는 비참한 생명체인 인간이 자신의 이익을 위해 끊어버릴 수 있지만, 두려움은 언제나 효과적인 처벌의 공포로 강화될 따름"[21]이라고 답한다. 참으로 영리한 대답이지만, 언제든지 계약을 파기하고 가스 회사나 경쟁 업체로 갈 준비가 되어 있는 비참한 생명체인 인간을 전선, 계량기, 구리, 필라멘트 램프 등으로 결속하는 것은 얼마나 더 영리한 일인가! 현대의 군주는 사랑과 두려움이라는 너무 짧은 목록 대신, 그 외에도 다른 많은 요소를 포함하는 길고 혼합적인 목록을 갖고 있다.

윌리엄 맥닐은 인력과 자원의 '동원'이라는 그의 핵심 개념을 통해 많은 전장을 설명했다.[22] 조직화, 선박 설계, 야금이나 통신 등에서의 혁신은 내전이나 국제전에 이바지한다. 상업은 정치의 하위 집합이며, 다른〔군사적〕전쟁과 상업적 전쟁의 차이는—맥닐의 용어로 말하자면—'명령 행동'보다 '시장 행동'을 조금 더 선호하는 것 외엔 별로 없다. 그가 서술한 유럽의 군주들은 마키아벨리가 묘사한 이탈리아의 군주들처럼 서로 비등한 힘을 가지고 있다. 이는 엔지니어들, 그리고 최근에는 과학자들이 보태주는 약간의 힘이 균형을 흔들 수도 있다는 뜻이다. 이들은 모두 내전(냉전이건 열전이건, 상업적이건 군사적이건)과 총력적인 (모의) 핵전쟁 사이에서 조금 더 오래 살아남기 위해 혁신해야 한다. 다시 말해 그들은 자신의 '사회'를 배신하고 자신을 도울 더 많은 국외의 동맹을 데려올 준비가 되어 있으며, 그럼으로써 사회-기술적 혼합물을 증가시키는 것이다.[23]

모든 전선을 동시에 고려하면서도 비인간 동맹자들을 절대 한 덩어리로 뭉뚱그리지 않는 것이 중요하다. 그럼으로써만 왜 기술이 그렇게 복잡하고 블랙박스는 어두운지를 이해할 수 있기 때문이다. 타협이 더 넓은 전선에서 이루어질수록 더 많은 인간·비인간 요소를 한데 엮어야 하고, 그만큼 메커니즘은 더 모호해진다. '테크놀로지'는 '사회'를 벗어났기 때문에 복잡해지는 것이 아니다. 사회-기술적 혼합물의 복잡성은 그것을 뭉치기 위해 고안된 새로운 유대, 결속, 매듭의 수에 비례한다. '테크놀로지'에 [어둡고 모호한] 내부가 있는 것처럼 보인다면, 그건 외부가 있기 때문이다. 더 정확히 말하자면, 사회와 기술은 마키아벨리적 교활함의 두 얼굴이다. 따라서 사회적 유대와 기술적 결속이라는 공허한 구분 대신, 우리는 연합association에 관해 이야기하기를 선호한다. '이것은 사회적인가? 기술적인가?'라는 이중의 질문보다는, '이 연합이 저 연합보다 강한가, 약한가?'라는 질문을 던지기를 선호한다.[24]

물론 더 많은 전선이 있겠지만, 자본가와 노동자가 대면하는 하나의 대결만을 고려할 경우 '테크놀로지의 사회적 형성'이 너무 좁게 정의된다는 것을 보여주기에는 충분히 말한 듯하다. 기계는 스크래블 게임에서 단어가 차지하는 것과 매우 유사한 위치를 점한다. 이 점에서 마르크스는 옳았다. 하지만 이 위치에 동시에 결속되는 요소들의 수에 대해서라면 그는 틀렸다. 게다가 한 전선에서 활동하려면 다른 전선에서 모종의 거래, 휴전, 동맹의 변화가 필요해진다는 점도 고려해야 하고, 〔한 전선에서〕 긴장이 완화되더라도 전쟁이 끝났다거나 더 이상 전략이 실행되지 않는다고 성급하게 결론 내리지 않아야 한다. 이는 군주를 면죄해주기 위해서가 아니라 분석가에게 적어도 군주만큼의 지성과 교활함을 부여하기 위함이다.

거꾸로 말해서, 내가 거듭 주장하는 바는 사회학적 또는 경제학적 논의에 그저 '사실의 문제'*인 기술적 요소를 추가

---

* 여기서 '사실의 문제matter-of-fact'란 완전히 정립되고 굳어져 논란의 여지가 없는 요소나 정황을 말한다. 라투르는 사회나 정치, 경제를 이야기할 때 '기술'을 그런 식으로 고정된 배경이나 소품처럼 취급하는 것을 비판한다. 사회가 기술로 이루어진 만큼 기술 역시 이미 사회적이고 정치적이기에, 기술적 객체를

한다고 해서 마키아벨리적 책략을 완전히 정당하게 설명할 수는 없다는 것이다. 다른 여러 경제학자처럼 로젠버그는 "블랙박스를 열었다"라고 주장한다.[25] 〔말이야〕 훌륭하지만, 그가 한 일은 자신이 연구하는 혁신의 기술적 부분에 대해 명확하고 논란의 여지가 없으며 동질적인 설명을 제공하는 것이었다. 이는 만약 톨스토이가 그저 장군의 계획에 따라 보로디노 전투를 묘사했다면 아무런 의미가 없었을 것처럼 의미 없는 설명이다.[26]* 기술적인 부분은 선형적이고 균질한 요소로 이루어지지 않기에, 정치와 경영의 혼란스러운 패턴을 그리기 위한 고요한 배경으로 활용될 수 없다. 기술은 '사실의 문제'를 다루듯 묘사할 수도 없고, 묘사해서도 안 되는 논쟁적 혼합물이다. 비인간적인 요소로 눈을 돌리는 바로 그때 격하고 논쟁적이며 전략적인 담론들은 줄어드는 게 아니라 늘어나야 한다. 어째서 그런가? 간단히 말해 바로 거기서 분쟁과 논쟁, 전투를 결판 지을 새로운 자원이 발견되기 때문이다.

변화무쌍한 사회나 정치를 묘사하기 위한 고정점fixed point으로 활용할 수 없다는 것이다. 이는 비판적 사유의 초점이 '사실의 문제'가 아니라 '관심의 문제'에 있어야 한다는 이후의 논점으로 발전되는 내용이다. 이에 대한 자세한 논의로는 브뤼노 라투르,「왜 비판은 힘을 잃었는가? 사실의 문제에서 관심의 문제로」, 이희우 옮김, 『문학과사회』 143, 2023, pp. 291~318 참조.

* 톨스토이는 『전쟁과 평화』를 집필하기 위해 보로디노 전투 현장을 여러 차례 방문하고 다양한 전투 참가자, 생존자를 인터뷰한 것으로 알려져 있다.

새로운 톨스토이 스타일이 발명되어야 한다면, 이는 기술적 전투를 위한 것이어야 한다.[27] 블랙박스를 여는 것은 좋은 생각이지만, 그때 문제가 되는 그것이 바로 **판도라**의 블랙박스라는 점을 알아야 한다…[28]

우리는 모종의 특권화나 단순화 없이, 군주나 분석가가 어떤 조합에서든 인간과 비인간 동맹자를 채택할 수 있는 지점에 도달했다. 피렌체 군주들의 과업은 최근의 군주들에 비해 쉬웠기에, 마키아벨리의 임무도 우리에 비해 간단했다. 이 점을 파악하기 위해서는 군주의 목표를 〔새로운 방식으로〕 요약해볼 필요가 있다. 그렇게 하면 예외나 모순으로 보이던 것들이 실은 군주가 자유롭게 선택할 수 있는 범위 안의 대안들이었음이 드러날 것이다. '뱉은 말을 지켜라'는 분명 좋은 규칙이 아닌데, 그를 따른다면 군주는 곧 사라지게 될 것이기 때문이다. '거짓말해라' 역시 규칙이 아니기는 마찬가지이지만 말이다. 때로는 노동자들을 숙련시키는 것이 필수이기에, '노동자들의 숙련도를 떨어뜨려라' 또한 규칙이 될 수 없다. '가장 먼저 혁신하라'는 일반적인 원칙이 아니다. 종종 앞서서 혁신하지 않을 필요가 있기 때문이다.[29] '공격적으로 행동하라'는 전쟁이나 경영에서 좋은 조언이 아니다. 오히려 프리먼이 올바르게 지적했듯[30] '방어적으로 행동하라'나 '의존적으로 행동하라' 혹은 '베껴라'가 좋은 대안이다. '소비자에게 아첨하라'는 어떤 (프랑스의?) 산업에서는 '소비자를 무시하라'

라는 반대의 조언보다 종종 덜 효율적이다. '기계에 의존하라' 라는 조언은 '절대 그들을 믿지 말라'라는 반대의 조언과 균형을 이룬다.

『군주론』과 혁신가에 대한 현장 연구에서 공통의 교훈을 얻을 수 있다면, 그건 모든 군주는 목표를 달성하기 위해 타자를 모집해야 하지만, 타자들은 무책임하고 신뢰할 수 없기에 그들을 정렬할 필요가 있다는 것이다. 아무도 당신을 도와주지 않으면 당신에게 권력이 주어지지 않을 것이고, 누군가 당신을 도와준다 해도 결국 그들은 당신의 것이 아니라 자신의 목표를 추구하게 된다. 군주의 기획이 거창할수록 그의 과업은 더욱 역설적이다. 따라서 게임의 주제는 항상 다음의 난제를 해결하는 것이다. 등록된 이들을 어떻게 통제할 것인가?[31] 마키아벨리는 군주에게 주어지는 모순된 조언들이 모두 꿰맞춰지는 하나의 관점을 밝히려 했다. 내가 택하고자 하는 요점은 바로 이것이다. 다른 인간, 비인간 행위자가 무슨 생각을 하거나 무엇을 하건 간에, 그들을 막거나 혹은 그들이 당신의 입지를 강화하는 데 도움을 주도록 하여, 당신의 세상이 더 안전하고, 예측 가능하며, 즐거워지게끔 환경을 조성하라. 아주 일반적인 이 목표[32]를 염두에 두고, 이를 달성할 전술과 전략을 채택하라.

'이음매 없는 망'의 최소 솔기

이제 우리는 세 가지 요점을 분명하게 알고 있다. 1) 군주는 동시에 여러 전선에 관여한다. 2) 군주는 이 전선들을 지키기 위해 비인간적 요소들을 도입하고 모집하며 훈육하고 다루기 쉽게 만든다. 3) 사회적 요소에 기술적 세부 사항을 추가하는 것만으로는 실질적으로 권력을 달성하는 결정적 혁신에 대해 아무것도 알 수 없다.[33] 인간·비인간 동맹은 실질적으로 어떻게 한데 기워지는가? 진짜 문제는 '이음매 없는 망'의 최소 솔기, 말하자면 바늘의 움직임을 파악하는 데 있다. 비록 인위적인 구분 때문에 종종 혼동되긴 하지만, 이 움직임은 꽤 단순하다. 한 전선에서 진전하지 못하고 정체된다면 예상 밖의 새로운 동맹을 탐색하여 힘의 균형을 흔들고, 이것들을 한데 묶어 하나의 힘처럼 작용하게 하며, 현재의 투쟁에 영향을 미치도록 하라.[34] 명확하지 않은 이유로 일부 분석가들은 '과학'을 첫번째 움직임으로, '테크놀로지'를 두번째 움직임으로, '경제'를 세번째 움직임으로 부르면서 이들을 명확히 분리하거나 이 중 하나에만 명예 훈장을 수여하려고 갖은 노력을 기울인다. 그러나 실제로 군주는 (개인적이든 집단적이든, 관료적이든 협력적이든) 모든 동맹과 모든 적을 동시에 정의해야 한다. 모워리와 로젠버그의 연구가 보여주듯[35] 소비자가 원하는 것이 무엇인지, 기술 수준이 어떠한지, 자연이 무엇을 제공할 수 있는지 결정하는 일은 모두 그만큼이나 어렵다.

밀리컨의 전자가 벨 컴퍼니에 채용된 과정을 다루는 호디슨의 아름다운 연구[36]는, 바늘이 다음의 세 가지 움직임을 한꺼번에 수행해야만 기워낼 수 있다는 것을 증명하는 사례다. 소비자와 시장을 발명하기, 물리학을 재구성하기, 기술을 창조하기. 그렇다. 전자electrons는 벨 컴퍼니가 오래된 기계식 중계기를 버리고 미 대륙을 가로지르는 전화선을 늘일 수 있게 해줄 예상치 못한 동맹이다. 하지만 아니다. 전자만으로는 충분하지 않다. 밀리컨의 실험실에서 전자는 훈육되지 않고 고분고분하지 않으며 그야말로 쓸모없어서, 시몽동이라면 '추상적'이거나 '분석적'이라고 말했을 것이다.[37] 최초의 과학 산업 실험실 중 한 곳에서 이 전자들은 새로운 전자 중계기에 모임으로써 비로소 유순하고 훈육된 존재가 되었으며, 시몽동의 용어로 말하자면 '구체적'이고 '유기적'으로 되었다. 즉 그들은 하나의 블랙박스, 하나의 장치가 되었다. 하지만 여전히 충분하지 않다. 모든 전투에서와 마찬가지로 힘의 균형을 알아야 할 뿐 아니라 그 힘들을 어떻게 배치할지도 알아야 한다. 알렉산더 벨이 샌프란시스코의 왓슨에게 전화를 걸어 "안녕하세요 왓슨 씨, 위층으로 와주시겠어요?"라고 말할 수 있으려면, 전자 중계기를 적절히 배치해줄 더 많은 요소가 필요하다.

이 움직임은 최초의 대륙 간 통신선을 만들고 미국의 동부와 서부 해안을 누비면서 벨 컴퍼니를 수백만 미국인과 결부시킨다. 사람들은 서로 연락하고 싶거나 가족적인 혹은 사업적인 유대를 강화하고 싶을 때 그 통신선을 거쳐야만 한다. 이 움직임은 과학에 기반한 것인가, 기술에 기반한 것인가, 경제에 기반한 것인가? 이것은 시장 견인market-pull에 따른 것인가, 아니면 기술 주도technical-push에 따른 것인가? 이러한 이분법을 유지한다면 우리는 새로운 군주의 가공할 확장을 이해할 수 없을 것이고, 『군주론』을 확장할 수도 없을 것이다. '과학' '테크놀로지' '경제'라는 세 가지 잘못된 이름표는 그저 하나의 진지한 전략적 문제(물러서기, 새로운 동맹을 모집하기, 그들이 명령에 따라 행동하도록 훈련시키기, 전투에 끌어들이기, 승리하기 혹은 패배하기)에 적용되는 것이다. 지출된 돈, 소요된 시간, 투입된 노동력은 모든 전략에 대해 그렇듯 움직임의 유용한 지표이지만, 움직임의 이유를 설명해주지는 않는다.

'과학과 기술의 인류학'은 법칙을 가진 돌, 전자를 가진 왕, 사랑을 품은 전화기, 원자를 품은 공포, 노동자가 있는 별처럼 이질적 요소들을 화려하게 엮어 수놓은 옷감을 설명하기 위해 만들어졌다. 민족지학자들은 이국적인 문화를 연구할 때는 이 풍요로운 태피스트리를 묘사하는 데 아주 능숙하지만, 근대 세계를 바라보는 순간 이상한 맹목에 사로잡혀 칙칙한 기계 더미와 번지르르한 권모술수라는 두 무더기밖에 보지 못한다.[38] 인간이 테크놀로지에 지배당한다고 믿는 도덕주의자들에 대해서는 더 할 말도 없다!

　이 새로운 과학인류학의 발전을 저해하는 두 가지 대칭적 오해가 있다. 첫째는 '사회적' 전략에 부여된 특권이고, 둘째는 하드웨어에 부여된 특권이다. 먼저 '사회적 설명'부터 물리쳐야 한다. 예를 들어, 내가 할머니와 유대감을 돈독하게 할 때 나는 벨 컴퍼니 역시 강화하는 셈이다. 벨 컴퍼니가 과시하는 힘에 내가 굴복했기 때문인가? 전혀 그렇지 않다. 벨 컴퍼니는 내가 무엇을 생각하고 행하든 거기에 고통 없이, 조용하게, 필수적인 방식으로 은밀히 스며들었다. 그렇게 다른 모든 것의 필수통과지점이 됐다. 사회과학자들이 마키아벨리적 정치인을 묘사하기 위해 고안한 '권력' '힘' '지배' 등의 용어로 벨의 영향력을 설명할 수 있을까? 불가능하다. 왜냐하면 비인간 동맹자들(선, 위성, 전기, 구리, 광섬유)의 혼합물이 바로 전통적 정치투쟁으로 정의되는 교착상태를 벗어나기 위해 짜였기 때문이다. 사회-기술적 전략을 사회적 설명으로 **환원**할 수는 없다. 그것이 전략이 아니기 때문이 아니라, 애초에 그 전략이 사회적 설명을 무찌르기 위해 고안되었기 때문이다! 군주가 사회-기술을 통해 권력을 재구성하는 새롭고 예측할 수 없는 방식을 더하는 사이, 사회과학자들은 항상 뒤늦은 전쟁을 치르면서 기술 **배후**에 숨겨진 교활한 정치적 플롯을 찾는다. 당신은 힘의 과시를 예상하지만, 실제로 느끼는 것은 전화를 통해 할머니와 연락하고 싶은 강렬한 욕망뿐이다. 사랑, 전자 기기, 경영은 서로 연결되어 있다. 마키아벨리적 사회과학자들이 정의한 권력 술책의 목록이 새로운 군주들이 가진 목록보다 짧기 때문에, 사회과학자들은 과학과 테크놀로지 전반을 어느 정도 중립적인 것으로 간주하거나 아니면 전화기, 원자폭탄, 피임약 같은 것들을 군주가 마음대로 발명한 은밀한 플롯으로 환원해야 한다. 모든 새로운 발명에 맞서 그들은 **동일한** 해석을 반복해서 제시하는데, 그 모든 것이 다국적 기업이나 자본주의의 권력에서 기인한다는 것이다. 그들은 한편에는 설명해야 할 이질적인 장치의 긴 목록을, 다른 한편에는 설명하는 데 쓸 짧고 동질적이며 반복적인 목록을 갖고 있다.[39]

반대로 마치 비인간 동맹자들이 유일한, 최선의 승리 수단인 것처럼 그들에게 특권이 부여될 경우, 군주의 움직임에 관한 논의는 제한된다. 이 역시 결코 사실이 아니다. 여전히 시의성을 잃지 않은 연구에서, 마르크 블로흐는 기원 신화와 같은 예리함으로 이 점을 멋지게 보여주었다.[40] 중세 후기에 맷돌, 기어, 바퀴, 강은 방앗간으로 결합해 만만찮은 요새를 이루는 예상치 못한 동맹자였다. 하지만 그것들의 효율성은 그 정도일 뿐이다. 요새는 전장 한가운데서 전투에 관여할 수도 있지만, 전장에서 **동떨어져** 있을 수도 있다. 집집마다 제 손으로 옥수수를 계속 간다면, 공동 방앗간을 소유한 군주는 그저 나무, 물, 돌을 가진 사람일 뿐이다. 방앗간은 군주가 군대를 동원하여 왕의 통치와 교회의 가르침을 강요하고, 모든 가정의 작은 숫돌을 부숴 방앗간의 돌을 통과하도록 강요할 때에야 요새가 될 것이다. 많은 산업뿐 아니라 많은 국가가 자신들이 구축한 요새의 견고함에 만족해 그 이상의 전략적 분석이 필요하지 않다고 여겨 패망했다. 중요한 것은 모인 동맹자끼리의 견고함solidity이 아니라 그것이 다른 인간의 투쟁과 맺는 결속solidarity이다. 앞서 보였던 그림의 두 평행선이 아니라, 중간 협상의 구불구불한 선이 우리에게 무언가를 알려준다. 로렌 지역의 거대한 철강 공장들은 엄청나게 많은 요소를 결합했는데도 불구하고 쇠락하고 있다. 그들이 지키려 했던 세계가 변했기 때문이다.[41] 마치 스크래블 플레이어들이 멋진 단어를 만들고 싶어 하지만 상대가 게임 판을 바꿔놓은 바람에 다음 수를 어떻게 놓아야 할지 모르는 상황과 같다.

기계가 자율적 생명을 갖는 생물학적 종으로 변모하는 과정을 지칭하는 '궤적trajectory' 개념에서도 동일한 한계를 찾을 수 있다. 예를 들어, 워너키의 카메라가 이스트먼의 카메라와 같은 종에 속한다고 할 수 있을까?[42]* 어떤 의미에서

---

*   여기서 라투르는 'Wernecke'라고 쓰고 있는데, 필름 롤 발명가 리언 워너키Leon Warnerke(1837~1900)를 잘못 쓴 것으로 보인다. 워너키의 본명은 브와디스와프 마와호프스키Władysław Małachowski로, 러시아 제국에서 폴란드 독립 운동에 투신하다가 영국으로 망명했다. 이후 그는 이스트먼보다 10여 년 앞서 필름 롤 홀더를 개발했으나 널리 상용화되지는 못했다. 미국의 기업가이자

는 그러한데, 이스트먼이 워너키의 아이디어를 포착하고 베꼈기 때문이다. 하지만 이스트먼은 왜 그랬을까? 아마추어 사진을 겨냥한 대중 시장 공략이라는 전혀 다른 전략으로 시작했다가 (그 전략을 위해) 아직 특허를 받지 못한 이전의 시스템으로 돌아갔던 것이다. 워너키의 블랙박스가 이스트먼의 손에 들어가면서 겪은 심대한 변형은 생물학적 돌연변이나 자연선택과는 관계없다. 그것은 수백만 명에게 필수품이 될 카메라를 설계하는 새로운 전략과 관계있다. 오직 사후적으로만, 이스트먼이 자신만의 완전히 다른 카메라로 거대한 시장을 장악한 후에야 박물관 관계자들은 두 유물을 같은 쇼케이스에 배치하고 멋진 라벨과 화살표로 차이점을 표시할 수 있게 된다. 하드웨어는 사회-기술적 플롯의 그림자가 투사된 것에 불과하며, 그 자체로는 사회만큼이나 유령 같은 무엇일 뿐이다.[43]

코닥의 설립자인 조지 이스트먼George Eastman(1854~1932)은 1880년대에 필름 롤 카메라를 개발하여 아마추어 사진 시장을 개척했다. 라투르가 참조하는 미주42의 논문에서는 이스트먼과 그의 동료가 워너키의 특허 받지 않은 장치를 참고했다고 언급한다. 이 문단에서 라투르가 둘을 언급하는 것은 기술 혁신이 '진화'하듯 진행된다는 통념을 비판하기 위해서다. 즉 라투르는 둘의 관계를 기술의 연속적 진화나 자연선택처럼 (생물학적 은유를 사용해) 파악할 수는 없다고 보고 있다. 이스트먼은 대중 시장 공략이라는 자신의 전략을 추구하는 과정에서 워너키의 장치를 차용하고 베낀 것이지, 그 장치를 전승하거나 발전시키기 위해서 분투한 것은 아니었다.

이 두 가지 대칭적 오해 때문에 우리는 군주의 움직임에 관해 얻는 정보를 이해할 수 없게 된다. 우리는 사회적 관계 —그것을 유지하는 비인간 동맹자 없이는 의미 없는—또는 하드웨어—그것이 차지하는 전략적 위치 없이는 의미 없는 —둘 중 하나를 얻는다. 사회과학이나 자연과학 문헌을 읽을 때 우리 상황은 세계를 돌아다니는 항해사로부터 원하는 지점의 경도나 위도 중 하나만 얻는 지도 제작자의 상황만큼이나 부조리하다! 우리 모두를 결속하는 것을 지도로 그려내려면, 인간과 비인간 행위자에 대한 정보를 모두 제공하는 투영 체계projection system를 발명해야 한다.

새로운 투영 체계의 경도와 위도

새로운 군주들은 수많은 갈등 속에서 길을 엮어내기weave 위해 인간 자원과 비인간 자원을 자유롭게 선택한다. 군주는 플라톤이 이상적 정치가로 묘사했던 고귀한 직조공Weaver과 같다.* 그는 직조를 멈추지 않지만, 그가 엮어내는 것은 때로는

*　　플라톤의 『정치가Politikos』를 염두에 둔 문장이다. 이 텍스트에서 젊은 소크라테스와 대화하는 '방문객'은 군사적 방책과 비군사적 방책을 엮어 국가를 관리하는 통치술을 "모직 옷과 관련 있는 기술 가운데 가장 훌륭하고 가장 큰" 기술인 직조술에 빗대어 설명한다. 플라톤, 『정치가/소피스트』, 천병희 옮김, 숲, 2014, pp. 63~80 참조.

부드럽고, 때로는 견고하며, 때로는 인간적이고, 때로는 비인간적이다. 그의 유일한 관심사는 특정 대결에서 어떤 결속이 약하고 어떤 결속이 강한지 판단하는 것이다. 소심한 관찰자들은 사회적 유대가 새롭게 재정의되거나 새로운 기술적 연합이 도입되는 것을 보면서 그 두 가지가 연관되고 상호 연결되며 반영되고 영향을 받는 방식에 놀랄 것이다… 우리가 좀더 대담하게 새로운 군주들을 (마키아벨리가 과거의 군주들에게 했던 것처럼) 가까이서 추적하고 싶다면, 이음매 없는 망의 씨실과 날실을 규정할 수 있어야 한다.

우리는 지도 제작의 은유를 따라 투영 체계의 경도와 위도를 정의할 것이다. 이 투영 체계에서 모든 사회-기술적 뒤얽힘은 다음의 두 차원으로 규정될 수 있다.

〔1〕얼마나 많은[44] 사람이 그것을 논란의 여지 없는 블랙박스로 받아들이고 있는가?

〔2〕만약 블랙박스를 의심하면서 열려는 사람들이 방해한다면, 더 많은 사람을 설득하기 위해 프로젝트는 어떻게 **변형**되어야 하는가? 새로운 비인간 동맹자들을 끌어들여야 하지는 않을까?

다음 그림에서 나는 두 차원을 이렇게 그려놓았다. 가로축은 〔2〕변형(또는 번역이나 협상)을 나타내고, 세로축은

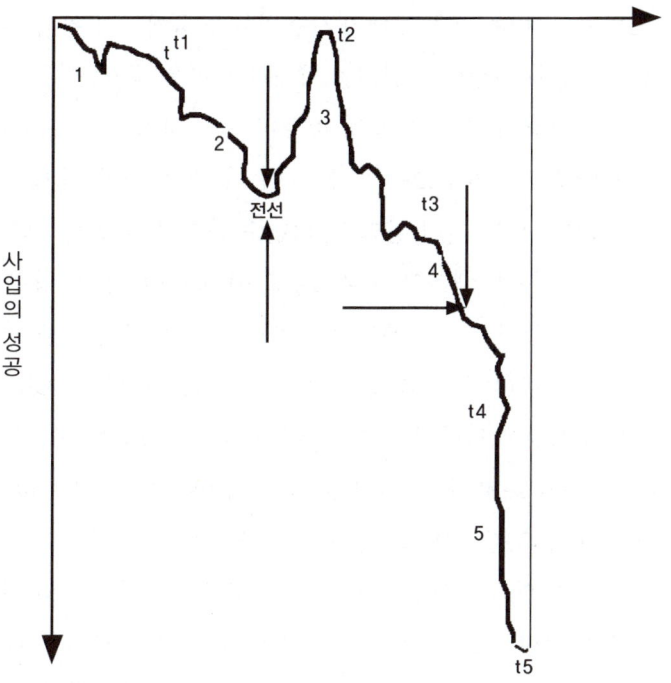

〔1〕 사업의 성공을 나타낸다. 특정 프로젝트의 생애사는 그
위에 굽이치는 선으로 표현된다. 선이 오른쪽으로 움직일수
록 원래의 아이디어에서 더 멀어져야 한다는 뜻이고, 투쟁이
더 치열해지고 논쟁이 더 격해진다는 뜻이다. 위쪽으로 움직
일수록 사람들은 프로젝트의 미래에 덜 관심을 갖고 덜 확신
하게 된다. 굽이치는 선 위의 면적은 프로젝트의 운명과 연관
된 요소들의 수를 대략적으로 나타낸다. 이것은 끝(5)으로 가

면서 많은 이들이 블랙박스를 일상적인 장치로 사용해 더 이상 변형되지 않을 때, 그때가 사용자들을 묶어두기 위해 가장 많은 자원과 사람이 정렬되는 시기라는 것을 의미한다.

이 그림의 몇 가지 특징이 흥미롭다. 첫째, 이 그림이 일반적 범주(1은 연구, 2~4는 개발, 5는 생산 및 판매)에 대응하긴 하지만, 모든 것이 완료되어 '단순 소비자'만 설득하면 되는 것처럼 보일 때조차 프로젝트는 여전히 전선을 형성한다. 처음부터 끝까지 프로젝트는 언제나 다음과 같이 사중 전략의 결과물이다. 누구를 설득해야 하는가? 내가 설득하려는 이들의 저항은 얼마나 강한가? 어떤 새로운 자원들을 등록해야 하는가? 프로젝트는 어떻게 변형되어야 하는가? 둘째, 시간(t1에서 t5)은 그림을 이루는 한 축이 아니라 설득과 등록의 결과다. 설득할 사람의 수와 군주의 협상 능력에 따라 시간은 오래 걸릴 수도 있고, 얼마 안 걸릴 수도 있다. 하지만 이 그림이 특히 시사하는 바는, 프로젝트의 현실성이 군주의 전략에 따라 가변적이라는 것이다. 예를 들어 t2에서 프로젝트의 현실성은 감소하여 0에 가까워진다. 프로젝트의 실행 가능성, 신뢰성, 부조리성은 전적으로 전략가가 엮고 꿰는 방식에 달려 있다. 현실도 시간(혹은 기술 수준)도 프로젝트의 진화를 설명하지 못하는 종속변수일 뿐이다.

연구개발의 경제, 혁신의 미시사회학, 기술사가 향후 어떻게 연결되든 그림, 데이터의 유형, 심지어 아마 수학까지 번역, 전선, 연합, 설득 같은 개념들에 맞게 조정하는 노력이 필요하리라는 것은 분명하다. 이러한 종합은 아마 회계, 경영, 경제학과 같은 과학의 계량학적 특성을 이해함으로써 이루어질 것이다. 모든 새로운 전략은 성공하려면 **스스로를 평가하는 방식**을 규정하고 개발하며 자리매김하고 강화해야 한다. 모든 혁신이 위험하고, 평가하기 어렵고, 비용이 많이 들며 신뢰하기 어렵다고 여겨지는 것은 그것을 평가할 좋은 경제적·기술적 도구가 없어서가 아니라, 혁신 자체가 위험성·비용·효율성·신뢰성을 평가하는 바로 그 도구를 재정의하는 과정을 포함하기 때문이다. 다시 말해, 혁신이라는 문제에는 어떤 불확정성 원리가 존재한다. 이는 〔측정하거나 평가하는〕 제도의 약점이 아니라 우리가 탐지하려는 현상 자체에 내재하는 불확정성이다. 당신이 혁신하려 하며, 또 이 혁신이 측정 도구를 만들고 책임을 규정하기 위해 분투하는 과정을 포함한다면, 당신에게는 엄밀한 정의가 없고 사업 전체가 불확실할 것이다. 반대로 당신이 신뢰할 만한 수치와 통계를 이미 갖고 있다면, 그것은 안정적이고 평온하며 일상적인 네트워크의 결과일 것이다—이런 경우에 당신은 혁신을 연구하고 있는 것이 아니다. 따라서 생산성을 평가하기 위해, 또 책임을 노동이나 자본 혹은 경영에 전가하기 위해 안정된〔이미 마련되어 있는〕 장치를 가지고 혁신에 접근하는 것은 모순이다. 문제는 우리의 경제학과 사회학을 군주의 움직임이 이루

는 네트워크에 필적하게 조정하는 것이다.[45]

민주주의로 돌아와서

이제 사회 아니면 기술이 존재한다는 이중적인 인상을 피하는 데 능숙해졌으니, 새로운 『군주론』을 쓰거나 군주의 권력을 검증하는 것이 왜 그토록 어려운지도 이해할 수 있게 됐다. 권력을 장악했던 마키아벨리의 군주들은 자신의 위치를 비가역적으로 만들어줄 인간 외 자원을 아주 적게만 갖고 있었다. 모두가 평등하게 호소했던 신을 제외하면, 또 검과 몇몇 성곽을 제외하면, 그 군주들은 소속시켜야 하는 〔인간의〕몸들만큼이나 연약한 〔인간의〕정념, 두려움, 사랑, 야망 같은 것의 결속에 의존해야 했다. 멈퍼드Lewis Mumford가 사랑한 거대 기계는 기계가 아니었고, 그래서 그의 핵심 은유는 오해의 소지가 크다. 아무리 격렬한 싸움이라도 군주들이 승리를 위해 외부에서 끌어오는 외군foreign armies은 결코 그렇게 이국적foreign이지 않다. 최악의 경우 외군은 용병—마키아벨리가 가장 신뢰할 수 없는 동맹으로 여겼던—으로 구성되는데, 그들 역시 똑같이 연약한 인간적 유대로 통제되어야만 하는 인간들이다. 상황이 근본적으로 달라지기 시작하는 것은, 군주들이 한발 물러서고 우회하고 배신하여 진정으로 이질적이며 전혀 인간 같지 않은 동맹을 전투에 끌어들일 때다. 그렇게 군주라면 누구도 피할 수 없는 **군비경쟁**이 촉발된다. 부드러운 인간적 유대의 집적에 더 견고한 비인간적 유대의 집적이 더해지고, 과거의 소프트웨어 경쟁에 하드웨어 경쟁이 추가될 것이다. 맥닐이 『군주론』의 최상급 초안이라고 할 만한 그의 저서[46]에서 훌륭하게 보여주었듯, 무기 경쟁은 그저 하나의 사례일 뿐이다.

하나의 작은 사례가 이 초超마키아벨리주의*의 결과를 보여준다. 19세기 말, 진보적인 파리시 당국이 주요 민간 철도 회사들과 20년간 싸운 끝에 마침내 지하철 건설이 결정되었다. 그러나 우익이 어쩌다 선거에서 승리한다 해도 민간 철도 회사들이 지하철을 장악하지 못하게 하려면 어떻게 해야 할까? 어떻게 하면 일시적 세력균형을 비가역적으로 만들 수 있을까? 한 가지 해결책은 지하철의 선로 폭을 기차의 선로 폭보다 좁게 만드는 것이었다. 군은 국가 안보를 이유로 반대했다. 시 당국은 국제전이 발발할 경우 이 위험이 현실화할 수 있음을 납득했지만, 그럼에도 (냉전이면서) 내전 중인 자신들의 입장을 포기하고 싶지 않았다. 결국 당국은 철도 회사의 가장 작은 객차 너비보다 더 좁은 터널을 만들기로 결정했

---

*   over-Machiavellism. 투쟁에서 승리하기 위해 비인간 동맹자를 적극적으로 끌어들인다는 점에서 '마키아벨리를 넘어서는 마키아벨리주의'를 뜻하는 것으로 보인다.

다.[47] 즉 그들은 계약상의 법적 동맹에서 돌, 흙, 콘크리트로 된 동맹으로 옮겨 간 것이다. 1900년에는 쉽게 되돌릴 수 있었던 것이, 지하철 네트워크가 확장될수록 점점 더 돌이킬 수 없게 됐다. 철도 회사의 엔지니어들은 이제 지하철 회사가 만든 수천 개의 터널을 숙명으로, 비가역적인 기술적 제약으로 받아들이게 되었다.

이것이 바로 엔지니어들과 인민의 자유라는 문제가 그들의 투쟁 속에 기워진 비인간 자원의 수에 따라 변동할 수밖에 없는 이유다. 그럼에도 그들에게는 여전히 사르트르의 인물들처럼 무엇이 '운명'의 역할을 하고 '자유'의 역할을 할지 스스로 선택할 자유가 있다. 그에 대한 가장 좋은 증거는 70년 뒤, 국유화된 철도와 지하철 네트워크를 연결하기로 결정되었을 때 엔지니어들은 이 비가역적 상황을 적어도 국지적으로나마 되돌려놓으라고, 터널 일부를 확장하라고 요구받았다는 점이다. 이 순간 '하드웨어 경쟁'이 가장 명확하게 존재감을 드러낸다. 70년 전에는 선거로 되돌릴 수 있었던 것이, 이제는 훨씬 큰 비용을 들여야만 되돌릴 수 있게 되었다. 사회주의 시 의회가 흙, 콘크리트, 돌과 맺었던 모든 연합은 돌 하나, 흙 한 삽에 이르기까지 다시 해체되어야 했다. 한술 더 떠서, 이 오래된 결합들을 흔들기 위해 더 크고 강력한 도구(불도저, 폭약, 터널 굴착기 등)가 새로 동원되고 훈련되며 투쟁 속에 배치되어야 했다. 거대 기계는 더욱 커졌다. 이제 수백만 명이 새로운 파리 RER(광역 급행 철도) 네트워크의 풍경 속에 흘러 다닌다.

하지만 하드웨어 경쟁의 두번째 결과야말로 더욱 인상적이다. 거점 확보는 필요하지만 그것만으로는 충분치 않은데, 그것은 한자리에 머문다는 뜻이기도 하기 때문이다. 거점을 유지하면서도 다른 곳으로 움직이는 것이 더 나을 테다. 그러나 불행하게도 군주는 자신이 궁전이나 요새를 떠나면 반역, 배신, 반란이 일어날 수 있음을 너무 잘 알고 있다. 그렇다면 그는 어떻게 해야 이동하면서도 여전히 통치권을 유지할수 있을까? 정치학이 그 답을 제시한다. 권력을 타자에게 위임하는 것이다. 하지만 다른 인간들에게 권력을 위임하는 것은 인간적 유대가 그렇듯 불안정하고 믿을 수 없다. 그렇다면 어떤 비인간 행위자에게 일정 권력을 위임하여 그들이 다른 비인간 행위자를 관리하도록 하는 게 좋지 않겠는가? 사물들 자체[48]의 사회학과 정치학을 발명하는 것이 좋지 않겠는가? 예를 들어 교차로마다 경찰관이 있으면 교통을 통제하는데 용이하겠지만, 그러느라 그들은 다른 일을 하러 다른 곳으로 움직일 수 없다. 경찰관의 팔과 흰 장갑을 신호등으로 대체하는 것은 부재하면서도 현전하는 한 가지 방법이다. 이제 운전자와 신호등은 스스로 살펴보게 된다. 하지만 문제는, 아무도 없는 교차로에서는 운전자들이 빨간불일 때도 지나가고 싶은 유혹에 빠지는 연약한 생명체라는 것이다. 그렇다면 전기 자극을 통해 다가오는 차에 신호가 반응하도록 하고, 신호등이 교통 흐름에 따라 자동으로 리듬을 조절하도록 만들면 어떻겠는가? 이제 교통신호는 헬멧을 쓰지 않는, 융통성 있는 감독관의 통제하에 작동할 것이다. 이렇게 하나의 **자동 장치**가 탄생한다. 곧 그것은 더 복잡하고—시몽동이 말한 의미에서—'구체적'이며 '유기적'으로 발전한다. 일련의 신호등이 한 컴퓨터로 조절되기 때문이다. 그다음에는 이 모든 신호등의 배열이 경찰 본부의 스크린 위에 시각화되고, 그 앞에 흰 장갑을 낀 경찰관이 앉아 있게 된다. 마키아벨리적 정치에서 자동 장치로 이동할 때 우리는 사회학sociology에서 기술학 technology으로 넘어가는 것이 아니다. 우리는 더 긴 유대와 구속의 목록을 가진 연합학association을 이어가고 있을 뿐이다. 이는 남자와 여자가 기계로 대체되는 이야기가 아니다. 역할과 기능이 완전히, 지속적으로 재분배되는 이야기다. 그중 일부는 인간적인 결속에 의해, 또 다른 일부는 비인간적 결속에 의해 유지된다.[49]

따라서 관성과 자동성은 하드웨어 경쟁의 두 가지 주요 효과다. 이 지점에서 마키아벨리가 제기한 민주주의의 문제가 대두된다. 이 문제야말로 군주의 비도덕적 초상화를, 또한 새로운 군주들에 대한 우리의 연합학적 묘사를 정당화하는 유일한 이유다. '아무도 저항할 수 없을 만큼 강한 관성'과 '누구도 완전히 파악할 수 없을 만큼 복잡한 내적 구조'라는 테크놀로지에 대한 두 가지 통념은 상당 정도 사실이다. 하지만 그것들은 군주가 움직이는 원인이 아니라, 오히려 군주가 달성하려 애쓰는 효과들이다.

따라서 기술 민주주의의 제1원리는 이 목표를 금 쟁반 위에 올려 군주에게 바치지 않는 것이다. 안타깝게도 이러한 투항은 테크놀로지를 분석하는 선의의 분석가들 사이에서 매우 자주 일어나는 일이다. 그들은 궤적, 관성, 내적 복잡성이 존재한다고, 요컨대 테크놀로지가 실존한다고 인정해버린다. 또 다른 형태의 투항은 앞선 부류 못지않게 선의를 지닌 사회 분석가들 사이에서 일어난다. 그들은 적어도 원칙적으로는 인식 가능한, 테크놀로지의 발전을 통제하고 점검해야 하는, 모든 것을 망라하는 사회 같은 것이 존재한다고 주장한다. 이 두 가지 대칭적인 투항은 민주주의를 마비시킨다. 이런 경우 기술을 수정할 수 있는 유일한 방법은 대안적 테크놀로지와 사회에 호소하는 것밖에 남지 않게 되기 때문이다.[50] 만약 테크놀로지가 존재하고 사회가 존재하며, 가능한 변화를 사유하는 유일한 방법이 대안적 사회를 상상하는 것뿐이라면, 군주는 자신의 궁전 안에서 완전히 자유롭다. 그는 아무 제약 없이 인간 행위자와 비인간 행위자를 즐거이 엮으며, 내키는 대로 우리 모두를 결속하는 것을 국지적으로 재정의한다. 외부의 관찰자에게는 다른 무엇도 아닌 순전한 기술이 자신의 자율적 추진력으로 움직이는 듯 보이고, 사회 역시 그와 평행하게 고유의 자율적 법칙에 따라 움직이는 듯 보일 것이다. 군주는 민주주의의 엄격한 제약을 받는 대신 도덕주의자들의 훈계와 '기술적 결정에 대한 대중의 참여' 같은 몇 마디 공허한 담론만 듣게 될 것이다. 그것도 이미 모든 것이 결정된 이후에 말이다. 만약 과학과 기술이 다른 수단을 통한 정치라면, 민주주의를 추구하는 유일한 방법은 과학과 기술 안으로 들어가는 것, 즉 사회와 과학이 동일한 전략에 따라 동시에 정의되는 곳까지 침투하는 것이다. 거기에 새로운 군주가 서 있다. 그리고 만약 군주가 소수의 개인이 아니라 '인민'이라 불리기를 바란다면, 우리 또한 바로 그곳에 서야만 한다.

미주

거대한 리바이어던을 분해하기

1   Thomas Hobbes, *Leviathan* (1651), London: Pelican Books, 1978, p. 185〔토머스 홉스, 『리바이어던 1』, 진석용 옮김, 나남, 2008, p. 175〕.

2   같은 책, p. 218〔p. 217〕.

3   같은 책, p. 219〔p. 218〕.

4   같은 책, p. 227〔pp. 232~33〕.

5   같은 책, p. 217〔p. 216〕.

6   미셸 세르가 『번역: 헤르메스 III *La Traduction: Hermès III*』(Paris: Éd. de Minuit, 1974)에서 발전시킨 개념이다. 사회학에서의 응용은 Michel Callon, "L'opération de traduction comme relation symbolique," in Philippe Roqueplo & Pierre Thuillier (dir.), *Incidence des rapports sociaux sur le développement scientifique et technique*, Paris: CORDES, 1975 참조.

7   르네 지라르가 『세계의 기원 이래 숨겨진 것들*Des choses cachées depuis la fondation du monde*』(Paris: Grasset, 1978)에서 묘사한 희생양들조차 더 엄숙하고 잔인한 형태를 띠는 번역의 사례일 뿐이다. 다른 형태의 '기원'은 있을 수 없다.

8   '행위자'라는 용어를 통해 우리가 뜻하는 바는 알기르다스 J. 그레마스의 『기호학 용어사전』(Paris: Hachette, 1979)에

나오는 기호학적 정의에 가깝다. 그것은 "어떤 역할에 투입된 담론의 단위"인데, 힘의 개념이 그렇듯 '인간'에 국한되지 않는다.

9   질 들뢰즈와 펠릭스 가타리가 『안티 오이디푸스: 자본주의와 분열증』(Paris: Éd. de Minuit, 1972)에서 정신분석학에 가한 결정적 비평을 참조할 것. 이 저자들에게는 아이의 꿈과 정복자의 제국 사이에, 가족생활 이야기와 정치적 서사 사이에 규모의 차이가 존재하지 않는다. 어쨌든 무의식은 '개인적'이지 않기 때문에 가장 깊은 꿈속에서도 우리는 온전히 정치적이며, 그 역도 마찬가지다.

10 이 점에서 대부분의 사람과 마찬가지로 크로퍼드 브러 맥퍼슨Crawford Brough Macpherson의 『소유적 개인주의의 정치이론: 홉스에서 로크까지』(Oxford: Clarendon Press, 1962)는 홉스의 독창성을 놓치고 있다. 홉스의 이론 배면에 있는 것을 해석하는 데 마르크스주의가 유용한 것이 아니라, 반대로 홉스의 이론이 마르크스주의의 배면에 있는 것을 적절히 설명해줄 수 있다.

11 같은 책에 실린 랜들 콜린스Randall Collins의 글(「이론 구축 전략으로서 미시 번역Micro-Translation as a Theory-Building Strategy」)과 피에르 부르디외의 글(「인간과 기계Men and Machines」)을 보라.

12 이 글의 결론을 보라.

13 예를 들어 에런 빅터 시쿠럴의 『사회학의 방법과 전술*Method and Measurement in Sociology*』(New York: Free Press, 1964)은 탐구자의 손발을 묶는 요구 사항들의 사례를

보여준다. 이후 민속방법론자들은 사회에 대해 말할 수 있는 것을 더욱 제한시켰다.

14 이 대목은 우리 중 한 명(브뤼노 라투르)의 유인원 사회에 대한 지속적인 연구를 바탕으로 하고 있다. 이 절은 대부분 셜리 스트럼의 연구에서 영감을 받았다. 그녀는 동물사회학을 이해하는 새롭고 혁명적인 방식을 고안한 공이 있지만, 우리가 개코원숭이를 다루는 서투른 방식에는 전혀 책임이 없다. 가장 관련된 자료들로는 Shirley Strum, "Life with the Pumphouse Gang," *National Geographic* 147, 1975, pp. 672~91; Shirley Strum, "Primate Predation: Interim Report on the Development of a Tradition in a Troop of Olive Baboons," *Science* 187, 1975, pp. 755~57; Shirley Strum, "Agonistic Dominance in Male Baboons: An Alternative View"(근간)〔*International Journal of Primatology* 3, 1982, pp. 175~202〕 참조. 영장류 연구와 정치철학의 연관에 대한 분석으로는 Donna Haraway, "Animal Sociology and a Natural Economy of the Body Politic," *Signs* 4(1), 1978, pp. 21~60 참조.

15 물론 곤충은 예외다. Thomas Hobbes, 같은 책, p. 225〔다음의 내용을 염두에 둔 것으로 보인다. "확실히 벌이나 개미 같은 동물들은 서로서로 사이좋게 살아가고 있다(그래서 아리스토텔레스는 이들을 정치적 동물 속에 포함시켰다)." 한국어판 토머스 홉스, 『리바이어던 1』, p. 230〕.

16 Thomas Hobbes, 같은 책, p. 186〔p. 172〕.

17 두 가지 일반적인 설명에 대해서는 Hans Kummer, *Primate Societies*, Chicago, IL: Aldine Atherton, 1971; Thelma E.

Rowell, *Social Behaviour of Monkeys*, Harmondsworth: Penguin Books, 1972 참조. 역사적 배경에 대해서는 Donna Haraway, 같은 글; Donna Haraway, "Signs of Dominance: From a Physiology to a Cybernetics of Primate Society, C. R. Carpenter 1930-1970"(근간)[*Studies in History of Biology* 6, 1983, pp. 129~219] 참조.

18 Shirley Strum, "Agonistic Dominance in Male Baboons."

19 이러한 방식은 한스 쿠머의 『망토개코원숭이의 사회적 조직화*Social Organization of Hamadryas Baboons*』(Chicago, IL: Aldine, 1968)에서 이미 나타나고 있으며 같은 저자의 "On the Value of Social Relationships to Nonhuman Primates: A Heuristic Scheme," *Social Science Information* 17, 1978, pp. 687~705에서는 매우 명확하게 드러나고 있다.

20 이는 쿠머가 개코원숭이를 설명하는 데 사용한 부르디외 사회학의 한 유형(같은 글)에도, 투자 방어에 관한 사회생물학적 신화에도 적용된다.

21 인간에 대해서는 Thomas Hobbes, 같은 책, p. 183[p. 168] 참조. 개코원숭이에 대해서는 Shirley Strum, "Agonistic Dominance in Male Baboons" 참조.

22 『기계의 신화*The Myth of the Machine*』(New York: Harcourt, 1966)에서 루이스 멈퍼드는 다양한 물질을 통합하려고 시도하지만 두 가지 주요한 실수를 저지른다. 첫째로 기계의 은유를 해체하기보다 고수하고, 둘째로 거대 기계의 계보를 추적하는 대신 그것의 크기를 당연하게 여긴다. 앙드레 르루아-구랑André Leroi-Gourhan의 『몸짓과 말*Le Geste et la parole*』(Paris: Albin Michel, 1964)에 대해서도 똑같이

말할 수 있다. 그는 기술과 문화의 경계를 흐리려고 매우
노력하지만, 그럼에도 일종의 분할과 결정론을 여전히
선호한다.

23 Conrad Hal Waddington, *Tools for Thought*, London: Paladin, 1977.

24 Michel Callon, *De problèmes en problèmes: itinéraire d'un laboratoire universitaire saisi par l'aventure technologique*, Paris: CORDES, 1978; Michel Callon, *Rapport sur le véhicule électrique*, Paris: CORDES, 1978.

25 이에 대한 더 완전한 설명으로는 Friedrich Nietzsche, *The Will to Power* (1901), New York: Gordon Press, 1974; Gilles Deleuze & Félix Guattari, *Mille Plateaux*, Paris: Éd. de Minuit, 1980; Bruno Latour, *Irréductions: précis de philosophie*, Paris: Chèloteur, 1981 참조.

26 Thomas Hobbes, 같은 책, p. 150(p. 121).

27 Michel Serres, *Le Parasite*, Paris: Grasset, 1980.

28 Thomas Hobbes, 같은 책, p. 18(pp. 21~22).

29 예를 들어 Luc Boltanski, "Taxinomie sociale et luttes de classes," *Actes de la recherche en sciences sociales* 29, 1979, pp. 75~110 참조.

30 Michael Pollak, "Paul F. Lazarsfeld, fondateur d'une multinationale scientifique," *Actes de la recherche en sciences sociales* 25, 1979, pp. 45~59.

31 무른 과학과 강한 과학의 구분 불가능성에 대해서는 브뤼노 라투르·스티브 울거, 『실험실 생활: 과학적 사실의 구성』(London: Sage, 1979)에서 보인 바 있다.

1   Karin Knorr-Cetina & Aaron V. Cicourel(eds.), *Advances in Social Theory and Methodology: Toward an Integration of Micro- and Macro-Sociologies*, London: Routledge & Kegan Paul, 1981.

2   Harold Garfinkel, *Studies in Ethnomethodology*, Englewood Cliffs, NJ: Prentice-Hall, 1967.

3   Karin Knorr-Cetina & Michael Joseph Mulkay(eds.), *Science Observed: Perspectives on the Social Study of Science*, London and Los Angeles, CA: Sage, 1983.

4   John Law(ed.), *Power, Action and Belief: A New Sociology of Knowledge?*, London: Routledge & Kegan Paul, 1986.

5   Bruno Latour, "The Powers of Association," in John Law(ed.), 같은 책, pp. 264~80.

6   Harold Garfinkel, 같은 책.

7   Charles Darwin, *The Collected Papers of Charles Darwin*, Paul H. Barrett(ed.), Chicago, IL: University of Chicago Press, 1977.

8   Ramona Morris & Desmond Morris, *Men and Apes*, New York: McGraw-Hill, 1966.

9   Edward J. Kempf, "The Social and Sexual Behavior of Infra-Human Primates, with Some Comparable Facts in Human Behavior," *Psychoanalytic Review* 4, 1917, pp. 127~54.

10   Solly Zuckerman, *The Social Life of Monkeys and Apes*, London: Routledge & Kegan Paul, 1932.

11   Eugène N. Marais, *My Friends the Baboons*, London: Methuen,

1956; Eugène N. Marais, *The Soul of the Ape*, London: Anthony Blond, 1969; Solly Zuckerman, 같은 책.

12   Abraham H. Maslow & Sydney Flanzbaum, "The Role of Dominance in the Social and Sexual Behavior of Infrahuman Primates: II. An Experimental Determination of the Behavior Syndrome of Dominance," *Journal of Genetic Psychology* 48, 1936, pp. 310~38; Solly Zuckerman, 같은 책.

13   Irven DeVore, "Male Dominance and Mating Behavior in Baboons," in Frank A. Beach(ed.), *Sex and Behavior*, New York: John Wiley, 1965; Irven DeVore & K. R. L. Hall, "Baboon Ecology," in Irven DeVore(ed.), *Primate Behavior*, New York: Holt, Rinehart and Winston, 1965; K. R. L. Hall, "Variations in the Ecology of the Chacma Baboon, *Papio ursinus*," *Symposia of the Zoological Society of London* 10, 1963, pp. 1~28; Sherwood Washburn & Irven DeVore, "The Social Behavior of Baboons and Early Man," in Sherwood Washburn(ed.), *Social Life of Early Man*, Chicago, IL: Aldine, 1961.

14   Sherwood Washburn & David A. Hamburg, "The Study of Primate Behavior," in Irven DeVore(ed.), 같은 책; Sherwood Washburn, Phyllis Jay & Jane Lancaster, "Field Studies of Old World Monkeys and Apes," *Science* 150, 1965, pp. 1541~47.

15   Irven DeVore & K. R. L. Hall, 같은 글; K. R. L. Hall & Irven DeVore, "Baboon Social Behavior," in Irven DeVore(ed.), 같은 책; Sherwood Washburn & Irven DeVore, 같은 글.

16   예를 들어, Stuart A. Altmann & Jeanne Altmann, *Baboon Ecology*, Chicago, IL: University of Chicago Press, 1970;

Timothy Ransom, *Beach Troop of the Gombe*, Lewisburg, PA: Bucknell University Press, 1981; Thelma E. Rowell, "Forest Living Baboons in Uganda," *Journal of Zoology* 149, 1966, pp. 344~64; Thelma E. Rowell, "Intra-Sexual Behavior and Female Reproductive Cycle of Baboons(*Papio anubis*)," *Animal Behavior* 17, 1969, pp. 159~67; Lukas P. Stoltz & Graham S. Saayman, "Ecology and Behaviour of Baboons in the Northern Transvaal," *Annals of the Transvaal Museum* 26, 1970, pp. 99~143.

17   Thelma E. Rowell, "Forest Living Baboons in Uganda"; Thelma E. Rowell, "Intra-Sexual Behavior and Female Reproductive Cycle of Baboons(*Papio anubis*)."

18   Timothy Ransom, 같은 책; Timothy Ransom & B. S. Ransom, "Adult Male-Infant Relations among Baboons(*Papio anubis*)," *Folia Primatologica* 16, 1971, pp. 179~95; Shirley Strum, "Life with the Pumphouse Gang," *National Geographic* 147, 1975, pp. 672~91; Shirley Strum, "Agonistic Dominance in Male Baboons: An Alternative View," *International Journal of Primatology* 3, 1982, pp. 175~202.

19   예를 들어 John H. Crook, "Social Organization and the Environment: Aspects of Contemporary Social Ethology," *Animal Behavior* 18, 1970, pp. 197~209; John H. Crook & J. Steve Gartlan, "Evolution of Primate Societies," *Nature* 210, 1966, pp. 1200~1203; John Eisenberg, Nancy A. Muckenhirn & Rasanayagam Rudran, "The Relation Between Ecology and Social Structures in Primates," *Science* 176, 1972, pp.

863~74; J. Steve Gartlan, "Structure and Function in Primate Society," *Folia Primatologica* 8, 1968, pp. 89~120; Phyllis Jay, *Primates: Studies in Adaptation and Variability*, New York: Holt, Rinehart and Winston, 1968; Thomas T. Struhsaker, "Correlates of Ecology and Social Organization among African Cercopithecines," *Folia Primatologica* 11, 1969, pp. 80~118.

20   Edward O. Wilson, *Sociobiology: The New Synthesis*, Cambridge, MA: Belknap Press, 1975.

21   John Maynard Smith, "Evolution and the Theory of Games," *American Scientist* 64, 1976, pp. 41~45; John Maynard Smith & Geoff A. Parker, "The Logic of Asymmetric Contests," *Animal Behavior* 24, 1976, pp. 159~75; John Maynard Smith & George Price, "The Logic of Animal Conflicts," *Nature* 246, 1973, pp. 15~18.

22   Donald R. Griffin, *The Question of Animal Awareness*, 2nd ed., New York: Rockefeller University Press, 1981; Donald R. Griffin, *Animal Thinking*, Cambridge, MA: Harvard University Press, 1984.

23   Shirley Strum, "Life with the Pumphouse Gang"; Shirley Strum, "Primate Predation: Interim Report on the Development of a Tradition in a Troop of Olive Baboons," *Science* 187, 1975, pp. 755~57; Shirley Strum, "Processes and Products of Change: Baboon Predatory Behavior at Gilgil, Kenya," in Robert S. O. Harding & Geza Teleki(eds.), *Omnivorous Primates*, New York: Columbia University Press, 1981; Shirley Strum, "Agonistic Dominance in Male Baboons"; Shirley Strum, "Why Males

Use Infants," in David M. Taub(ed.), *Primate Paternalism*, New York: Van Nostrand Reinhold, 1983; Shirley Strum, "Use of Females by Male Olive Baboons(*Papio anubis*)," *American Journal of Primatology* 5, 1983, pp. 93~109; Shirley Strum, "Baboon Cues for Eating Meat," *Journal of Human Evolution* 12, 1983, pp. 327~36; Shirley Strum, "Are There Alternatives to Aggression in Baboon Society?"(근간); Jonah D. Western & Shirley Strum, "Sex, Kinship, and the Evolution of Social Manipulation," *Ethology and Sociobiology* 4, 1983, pp. 19~28.

24 다음을 보라. Shirley Strum, "Life with the Pumphouse Gang"; Shirley Strum, "Primate Predation"; Shirley Strum, "Processes and Products of Change"; Shirley Strum, "Agonistic Dominance in Male Baboons"; Shirley Strum, "Why Males Use Infants"; Shirley Strum, "Use of Females by Male Olive Baboons(*Papio anubis*)"; Shirley Strum, "Baboon Cues for Eating Meat"; Gilbert K. Boese, "Social Behavior and Ecological Considerations of West African Baboons(*Papio papio*)," in Russell Tuttle(ed.), *Socioecology and Psychology of Primates*, The Hague: Mouton, 1975; Curt Busse & William J. Hamilton III, "Infant Carrying by Male Chacma Baboons," *Science* 212, 1981, pp. 1281~83; Dorothy Cheney, "The Acquisition of Rank and the Development of Reciprocal Alliances among Free-Ranging Immature Baboons," *Behavioral Ecology and Sociobiology* 2, 1977, pp. 303~18; Robin Dunbar, "Life History Tactics and Alternative Strategies of Reproduction," in Patrick

Bateson (ed.), *Mate Choice*, Cambridge: Cambridge University Press, 1983; H. Gilmore, "A Syntactic, Semantic and Pragmatic Analysis of a Baboon Vocalization," PhD thesis, University of Pennsylvania, 1980; William J. Hamilton III, Ruth E. Buskirk & William H. Buskirk, "Chacma Baboon Tactics during Intertroop Encounters," *Journal of Mammalogy* 56, 1975, pp. 857~70; Glenn Hausfater, *Dominance and Reproduction in Baboons* (Papio cynocephalus), Basel: Karger, 1975; Hans Kummer, "Tripartite Relations in Hamadryas Baboons," in Stuart A. Altmann (ed.), *Social Communication among Primates*, Chicago, IL: University of Chicago Press, 1967; Hans Kummer, "Dominance Versus Possession: An Experiment on Hamadryas Baboons," in Emil W. Menzel (ed.), *Precultural Primate Behavior*, Basel: Karger, 1973; Hans Kummer, "On the Value of Social Relationships to Nonhuman Primates: A Heuristic Scheme," *Social Science Information* 17, 1978, pp. 687~705; Hans Kummer, Walter Goetz & Walter Angst, "Triadic Differentiation: An Inhibitory Process Protecting Pair Bonds in Baboons," *Behavior* 49, 1974, pp. 62~87; Leanne T. Nash, "Troop Fission in Free-Ranging Baboons in the Gombe Stream National Park, Tanzania," *American Journal of Physical Anthropology* 44, 1976, pp. 63~77; Craig Packer, "Male Dominance and Reproductive Activity in *Papio anubis*," *Animal Behavior* 27, 1979, pp. 37~45; Craig Packer, "Male Care and Exploitation of Infants in *Papio anubis*," *Animal Behavior* 28, 1980, pp. 512~20;

Joseph Popp, "Male Baboons and Evolutionary Principles,"
PhD thesis, Harvard University, 1978; David Post, Glenn
Hausfater & Sue A. McCuskey, "Feeding Behavior of Yellow
Baboons (*Papio cynocephalus*): Relationship to Age, Gender
and Dominance Rank," *Folia Primatologica* 34, 1980, pp.
170~95; Dennis R. Rasmussen, "Correlates of Patterns of
Range Use of a Troop of Yellow Baboons (*Papio cynocephalus*):
I. Sleeping Sites, Impregnable Females, Births, and Male
Emigrations and Immigrations," *Animal Behavior* 27, 1979, pp.
1098~1112; Ramon Rhine, "The Order of Movement of Yellow
Baboons (*Papio cynocephalus*)," *Folia Primatologica* 23,
1975, pp. 72~104; Ramon Rhine & N. W. Owens, "The Order
of Movement of Adult Male and Black Infant Baboons (*Papio
anubis*) Entering and Leaving a Potentially Dangerous
Clearing," *Folia Primatologica* 18, 1972, pp. 276~83; Ramon
Rhine & Bruce J. Westlund, "The Nature of a Primary Feeding
Habit in Different Age-Sex Classes of Yellow Baboons (*Papio
cynocephalus*)," *Folia Primatologica* 30, 1978, pp. 64~79;
Robert Sapolsky, "The Endocrine Stress-Response and Social
Status in the Wild Baboon," *Hormones and Behavior* 16,
1982, pp. 279~92; Robert Sapolsky, "Individual Differences
in Cortisol Secretory Patterns in the Wild Baboon: Role of
Negative Feedback Sensitivity," *Endocrinology* 113, 1983, pp.
2263~67; Robert Seyfarth, "Social Relationships among Adult
Female Baboons," *Animal Behavior* 24, 1976, pp. 917~38;
Barbara Smuts, "Special Relationships Between Adult Male

and Female Olive Baboons," PhD thesis, Stanford University, 1982; David M. Stein, *The Sociobiology of Infant and Adult Male Baboons*, Norwood, NJ: Ablex Publishing, 1984; Jeffrey Walters, "Interventions and the Development of Dominance Relationships in Female Baboons," *Folia Primatologica* 34, 1980, pp. 61~89; Jeffrey Walters, "Inferring Kinship from Behaviour: Maternity Determinations in Yellow Baboons," *Animal Behavior* 29, 1981, pp. 126~36; Samuel K. Wasser, "Reproductive Competition and Cooperation: General Theory and a Field Study of Female Yellow Baboons," PhD thesis, University of Washington, Seattle, 1981.

25 예를 들어, Irwin S. Bernstein & Carolyn L. Ehardt, "Agonistic Aiding: Kinship, Rank, Age, and Sex Influences," *American Journal of Primatology* 8, 1985, pp. 37~52; B. Diane Chepko-Sade, "Division of Group F at Cayo Santiago," *American Journal of Physical Anthropology* 41, 1974, p. 472; B. Diane Chepko-Sade & Thomas Olivier, "Coefficient of Genetic Relationship and the Probability of Intragenealogical Fission in *Macaca mulatta*," *Behavioral Ecology and Sociobiology* 5, 1979, pp. 263~78; B. Diane Chepko-Sade & Donald S. Sade, "Patterns of Group Splitting within Matrilineal Kinship Groups," *Behavioral Ecology and Sociobiology* 5, 1979, pp. 67~86; Frans De Waal, *Chimpanzee Politics*, London: Jonathan Cape, 1982; Lee C. Drickamer, "Social Rank, Observability, and Sexual Behavior of Rhesus Monkeys (*Macaca mulatta*)," *Journal of Reproduction and Fertility* 37, 1974, pp. 117~20;

Sarah Gouzoules, "Primate Mating Systems, Kin Associations, and Cooperative Behavior: Evidence for Kin Recognition?," *American Journal of Physical Anthropology* 27, 1984, pp. 99~134; Jay R. Kaplan, "Fight Interference and Altruism in Rhesus Monkeys," *American Journal of Physical Anthropology* 49, 1978, pp. 241~49; Devra G. Kleiman, "Parent-Offspring Conflict and Sibling Competition in a Monogamous Primate," *American Naturalist* 114, 1979, pp. 753~60; Geoff A. Parker & Mark R. Macnair, "Models of Parent-Offspring Conflict: I. Monogamy," *Animal Behavior* 26, 1978, pp. 97~110; Robert Seyfarth, "A Model of Social Grooming among Adult Female Monkeys," *Journal of Theoretical Biology* 65, 1977, pp. 671~98; Robert Seyfarth, "The Distribution of Grooming and Related Behaviours among Adult Female Vervet Monkeys," *Animal Behavior* 28, 1980, pp. 798~813; Joan Silk, "Kidnapping and Female Competition in Captive Bonnet Macaques," *Primates* 21, 1980, pp. 100~110.

26 Shirley Strum, "Primate Predation"; Shirley Strum, "Processes and Products of Change"; Shirley Strum, "Agonistic Dominance in Male Baboons."

27 Shirley Strum, "Agonistic Dominance in Male Baboons."

28 Shirley Strum, "Why Males Use Infants"; Shirley Strum, "Use of Females by Male Olive Baboons."

29 Shirley Strum, "Agonistic Dominance in Male Baboons"; Shirley Strum, "Why Males Use Infants"; Shirley Strum, "Use of Females by Male Olive Baboons"; Shirley Strum, "Are There

Alternatives to Aggression in Baboon Society?"

30 Jonah D. Western & Shirley Strum, 같은 글.

31 Shirley Strum, "Are There Alternatives to Aggression in Baboon Society?"

32 Bernard Chapais & Steven R. Schulman, "An Evolutionary Model of Female Dominance Relations in Primates," *Journal of Theoretical Biology* 82, 1980, pp. 47~89; Glenn Hausfater, Jeanne Altmann & Stuart A. Altmann, "Long-Term Consistency of Dominance Relations among Female Baboons (*Papio cynocephalus*)," *Science* 217, 1982, pp. 752~55.

33 Jeanne Altmann, *Baboon Mothers and Infants*, Cambridge, MA: Harvard University Press, 1980; Dorothy Cheney, 같은 글; B. Diane Chepko-Sade & Donald S. Sade, 같은 글; Joseph Popp & Irven DeVore, "Aggressive Competition and Social Dominance Theory: Synopsis," in David A. Hamburg & Elizabeth R. McCown(eds.), *The Great Apes*, Menlo Park, CA: Benjamin/Cummings, 1979; Robert Trivers, "Parent-Offspring Conflict," *American Zoologist* 14, 1974, pp. 249~64; Jeffrey Walters, "Inferring Kinship from Behaviour"; Samuel K. Wasser, "Reciprocity and the Trade-Off Between Associate Quality and Relatedness," *American Naturalist* 119, 1982, pp. 720~31; Samuel K. Wasser & David P. Barash, "The 'Selfish' Allomother," *Ethology and Sociobiology* 2, 1981, pp. 91~93.

34 Bruno Latour, *Science in Action*, Cambridge, MA: Harvard University Press, 1987(2nd ed., Milton Keynes: Open University Press, 1987).

35   Michel Callon & Bruno Latour, "Unscrewing the Big Leviathan: How Actors Macro-Structure Reality and How Sociologists Help Them to Do So," in Karin Knorr-Cetina & Aaron V. Cicourel(eds.), 같은 책; Bruno Latour, "The Powers of Association."

36   Bruno Latour & Shirley Strum, "Human Social Origins: Oh Please, Tell Us Another Story," *Journal of Social and Biological Structures* 9, 1986, pp. 169~87과 거기에 포함된 자료들을 참고.

37   예를 들어, John Alcock, *Animal Behavior: An Evolutionary Approach*, Sunderland, MA: Sinauer, 1975; William D. Hamilton, "Geometry for the Selfish Herd," *Journal of Theoretical Biology* 31, 1971, pp. 295~311.

38   William J. M. Mackenzie, *Politics and Social Science*, Harmondsworth: Penguin Books, 1967.

39   Glendon Schubert, "Primate Politics," *Social Science Information* 25, 1986, pp. 647~80.

40   최근까지 "문화적 규범"은 선험적으로 비인간 동물을 배제해온 듯하다. 그러나 이제 동물의 "정신적 모델"에 대한 증거가 불거지고 있다(예를 들어, Donald R. Griffin, *The Question of Animal Awareness*; Donald R. Griffin, *Animal Thinking*).

41   예를 들어, Frans de Waal, 같은 책.

권모술수뿐만 아니라 기계를 위한 『군주론』을 쓰는 법

1   Niccolò Machiavelli, *The Prince*, George Bull(trans.), Harmondsworth: Penguin Books, 1981, p. 97〔니콜로 마키아벨리, 『군주론』, 강정인·김경희 옮김, 까치, 2015, p. 121. 마키아벨리의 『군주론』은 메디치 가문의 자제에게 올리는 조언 형식으로 되어 있어서 원래 경어로 옮기는 것이 맞지만, 본문의 흐름에 어울리게끔 인용구에서는 평어로 옮겼다. 국역본을 참조하되 라투르가 인용하는 맥락과 뉘앙스를 고려하여 번역을 수정했다〕.

2   같은 책, p. 91〔p. 110〕.

3   같은 책, p. 88〔p. 105〕.

4   영어권 저자들에게 '테크놀로지techno-logy'를 '에피스테몰로지epistemo-logy'와 같은 의미로, 즉 기술들의 학science of techniques으로 사용해야 한다고, 그 말을 그저 인공물을 가리키는 또 다른 단어로 사용하면 안 된다고 설득하는 것이 헛된 일임을 나도 안다. 그럼에도 나는 이

용법을 고수할 것이다. 내가 '테크놀로지'라는 말을 사용할
때는 항상 아이러니한 뉘앙스를 담고 있다.

5   Thomas Hughes, "The Electrification of America: The System
     Builders," *Technology and Culture* 20(1), 1979, pp. 124~61.

6   이 글에서 나는 토머스 휴스, 미셸 칼롱, 존 로, 미케스
     쿠투지Mickès Coutouzis, 마들렌 아크리히 등 많은 이의
     작업을 슬쩍 빌려오고 있다. 최근에 참조한 세 권의 책은
     다음과 같다. Wiebe Bijker, Thomas Hughes & Trevor
     Pinch(eds.), *The Social Construction of Technological Systems*,
     Cambridge, MA: MIT Press, 1987; Jocelyn de Noblet(ed.),
     "USA," special issue of *Culture Technique* 10, 1983; Donald
     MacKenzie & Judy Wajcman(eds.), *The Social Shaping of
     Technology*, Milton Keynes: Open University Press, 1985.
     여기에 레퀴예B. P. Lécuyer가 편집한 *Année Sociologique*지의
     특집호도 덧붙일 수 있다. 또한 S. C. 길필런의 여전히 유용한
     걸작(*The Sociology of Invention*, Cambridge, MA: MIT Press,
     1935/1963)도 포함되어야 한다. 곧 출간될 엘젠Boelie
     Elzen의 저작["Two Ultracentrifuge: A Comparative Study of
     the Social Construction of Artefacts," *Social Studies of Science*
     16(4), 1986, pp. 621~62]도 참조하라.

7   S. C. Gilfillan, 같은 책, p. 19.

8   John Law, "On the Methods of Long-Distance Control:
     Vessels, Navigation and the Portuguese Route to India," in
     John Law(ed.), *Power, Action and Belief: A New Sociology of
     Knowledge?*, London: Routledge & Kegan Paul, 1986, pp.
     234~63.

9   Thomas Hughes, 같은 글.

10 Michel Callon & Bruno Latour, "Comment suivre les innovations? Clefs pour l'analyse socio-technique," *Prospective et santé publique* 36, 1986, pp. 13~26.

11 Christopher Freeman, *The Economics of Industrial Innovation*, London: Pinter, 1982.

12 같은 책, p. 124.

13 Michel Callon & Bruno Latour, 같은 글; Mickès Coutouzis, "Sociétés et techniques en voie de développement," Thèse de 3° cycle Université Paris-Dauphine, 1984; Mickès Coutouzis & Bruno Latour, "Pour une sociologie des techniques: le cas du village solaire de Frango-Castello," *Année Sociologique* 38, 1986, pp. 113~67.

14 Thomas Peters & Nancy Austin, *A Passion for Excellence*, New York: Random House, 1985.

15 Donald MacKenzie, "Marx and the Machine," *Technology and Culture* 25, 1984, pp. 473~502.

16 Harry Braverman, *Labor and Monopoly Capital: The Degradation of Work in the 20th Century*, New York: Monthly Review Press, 1974.

17 Donald MacKenzie, 같은 글.

18 Michel Callon & Bruno Latour, "Unscrewing the Big Leviathan: How Actors Macro-Structure Reality and How Sociologists Help Them to Do So," in Karin Knorr-Cetina & Aaron V. Cicourel (eds.), *Advances in Social Theory and Methodology: Toward an Integration of Micro- and Macro-*

Sociologies, London: Routledge & Kegan Paul, 1981, pp. 277~303.

19   Alfred D. Chandler, *The Visible Hand: The Managerial Revolution in American Business*, Cambridge, MA: Harvard University Press, 1977.

20   Thomas Hughes, *Networks of Power: Electrification in Western Society, 1880-1930*, Baltimore, MD: Johns Hopkins University Press, 1983.

21   Niccolò Machiavelli, 같은 책, p. 96〔p. 119〕.

22   William McNeill, *The Pursuit of Power: Technology, Armed Force, and Society since A.D. 1000*, Chicago, IL: University of Chicago Press, 1982.

23   맥닐(같은 책)은 "왜 그들이 아니라 우리인가?"라는 인류학적 수수께끼를 가장 명확히 제기한 저자일 것이다. 비록 그가 그 수수께끼를 풀지는 못했지만 말이다. 〔비유럽과 유럽을 나누는〕'거대한 분기The Great Divide'는 정신적, 기술적 혹은 정치적 능력의 차이에서 비롯된 것이 아니다. 오히려 다음과 같이 질문할 때 거대한 분기의 이유를 찾을 수 있다. 어떤 사회에서 이국의 비인간 이주자와 용병에게 호소하는 군주가 저열하거나 괴이하다고 여겨지지 않을 수 있을까? 어떤 사회에서 더 견고한 사실과 견고한 인공물을 더 거대한 규모의 정치를 수행하기 위한 또 다른 수단으로 받아들이는가? 그리고 어떤 사회가 그렇게나 〔작은 나라들로〕 분열되어 있어서, 몇몇 견고한 사실과 견고한 인공물만으로도 균형이 흔들릴 수 있는가?

24   Michel Callon & Bruno Latour, 같은 글; Bruno Latour,

"The Powers of Association," in John Law(ed.), 같은 책, pp. 264~80; Bruno Latour, *Science in Action*, 2nd ed., Milton Keynes: Open University Press, 1987.

25   Nathan Rosenberg, *Inside the Black Box: Technology and Economics*, Cambridge: Cambridge University Press, 1982.

26   Leo Tolstoy, *War and Peace* (1869), Anthony Briggs(trans.), Harmondsworth: Penguin Books, 1986.

27   Bruno Latour, "Comment redistribuer le Grand Partage?," *Revue de Synthèse* 110, 1983, pp. 203~36; Bruno Latour, *The Pasteurization of French Society* followed by *Irreductions: A Politicoscientific Essay*, Alan Sheridan & John Law(trans.), Cambridge, MA: Harvard University Press, 1987.

28   내가 '사회-기술'에 대한 훌륭한 현장 연구라고 판별하는 명확한 문학적 기준이 있다. 매 순간 이야기 속 행위자의 수만큼 기술적 측면의 다양한 버전이 존재한다면, 그것은 훌륭한 이야기다. 반대로 이야기에 기술적 측면이 단 하나의 버전만 존재한다면, 다른 장에서 같은 이야기에 '사회적' '경제적' '경영적' 측면을 덧붙인다 하더라도 그것은 무가치한 서술이다.

29   Nathan Rosenberg, 같은 책, pp. 104~20.

30   Christopher Freeman, 같은 책, p. 170.

31   Bruno Latour, *Science in Action*, 3장 참조.

32   '목표'를 이렇게 표현하면, 마치 내가 심리학적으로 사람들이 영혼 깊은 곳에서 진정으로 갈망하는 바를 규정하려는 것처럼 비칠 위험이 있다. 이런 문제에도 불구하고 나는 이 글에서 이 정의를 유지하고자 한다. 그것이

마키아벨리가 권력과 동기를 정의한 방식과 일치하기 때문이다. 덜 심리학적인 해석에 대해서는 Bruno Latour, *The Pasteurization of French Society* followed by *Irreductions*, 2부를 참조하라.

33 이 글에서는 '권력'이라는 표현을 비판 없이 사용하고 있지만, 권력은 기술적 요소들이 분석에 포함되는 순간 가장 먼저 해체될 개념이다. 권력 개념에 대한 비판은 Bruno Latour, "The Powers of Association"을 참조하라.

34 Bruno Latour, *Science in Action*.

35 David Mowery & Nathan Rosenberg, "The Influence of Market Demand upon Innovation: A Critical Review of Some Recent Empirical Studies," *Research Policy* 8(2), 1979, pp. 102~53(Nathan Rosenberg, 같은 책에 재수록).

36 Lillian Hoddeson, "The Emergence of Basic Research in the Bell Telephone System, 1875-1915," *Technology and Culture* 22(3), 1981, pp. 512~44.

37 Gilbert Simondon, *Du mode d'existence des objets techniques*, Paris: Aubier, 1969.

38 Bruno Latour, *The Pasteurization of French Society* followed by *Irreductions*.

39 이 목록이 지닌 유감스러운 한계는 사회과학자들에게 문제가 되지 않는다. 그들은 목록에 있는 단어가 각기 다양한 기술적 행위의 원인을 구성하고 기술들은 그 효과일 뿐이라고 믿기 때문이다. 하나의 강력한 원인이 아주 다양한 효과를 낳는다고 해도 그들은 전혀 놀라지 않는다. 반면 군주에게는 원인은 존재하지 않고 오직 효과들만이 있을

뿐이다. 원인이란 모든 것이 자리를 잡은 후에야 비로소
소급적으로 부여되는 이름에 지나지 않는다.

40   Marc Bloch, "Avènement et conquêtes du moulin à eau,"
      Annales d'histoire économique et sociale 7, 1935, pp.
      538~63[Donald MacKenzie & Judy Wajcman(eds.), 같은
      책에 재수록].

41   이것이 바로 베르트랑 질Bertrand Gille(sous la direction
      de, *Histoire des techniques*, Paris: Gallimard, 1978)이
      제시한 '기술 체계système technique'라는 개념이 오해를
      불러일으키는 이유다. 하드웨어에 한정되지 않는 그 개념은
      인공물들을 엮어내는 데 유용하긴 하다. 가령 그의 기술 체계
      안에서는 방앗간의 톱니바퀴, 수차, 강물, 맷돌, 도로가 함께
      같은 목록에 올라간다. 하지만 교회, 왕, 무장한 병사들은
      그렇지 않다. 이들은 질의 목록이 아니라 마키아벨리의
      목록에 속한다. 질은 이러한 요소들은 기술 체계가 아니라
      사회·경제·문화의 구조를 다루는 다른 지면에서 찾아야 할
      것이라고 본다.

42   Reese Jenkins, "Technology and the Market: Georges Eastman
      and the Origins of Mass Amateur Photography," *Technology
      and Culture* 16, 1975, pp. 1~19.

43   더 일반적으로 봐도 생물학적 은유는 유용하지 않아 보인다.
      첫째로 진화생물학 자체가 생명체의 생존 전략을 이해하는
      상충하는 방식들이 뒤엉켜 있는 상태이기 때문이다. 둘째로
      생물학에서는 유기체 자체가 계산하는 군주이기 때문이다.
      그렇다고 해서 원시 인류의 도구를 생물학적으로 연구하는
      일이 무의미하다는 뜻은 아니다. 르루아-구랑(*Le Geste*

et la parole, t. I, II, Paris: Albin Michel, 1964)이 강력하게 보여주었듯, 그 도구들은 뇌나 손만큼이나 몸의 일부이기 때문이다. 그러나 일단 그것들이 몸으로부터 분리되면 박물관에서가 아닌 다음에야 동일한 궤적으로 함께 묶이지 않는다. 그렇다고 인공물들에 관한 진화론적 연구가 불가능한 것은 아닐 테다. 다만 그러한 연구를 위해서는 일반화된 사회생물학적 관점이 요구될 것이다. 그런 관점에서 보면 몸 자체가 견고한 연결과 부드러운 연결의 길항, 유전자와 학습의 길항(Richard Dawkins, *The Extended Phenotype*, Oxford: Oxford University Press, 1982)에서 비롯된 과거 전략들의 기술적 안정화로 간주될 수 있을 것이다.

44 '얼마나 많은가'는 단순히 힘들의 관계를 대략적으로 가리킬 뿐, 양적인 측정은 아니다. 왜냐하면 협상이 바로 그 힘들을 양적으로 정의할 수 있게 해주는 계량적 사슬metrological chains을 정의하고, 보정하고, 확산시키고, 강제하고, 유지하는 일을 포함하기 때문이다.

45 Michel Callon, John Law & Arie Rip(eds.), *Mapping the Dynamic of Science*, London: Macmillan, 1986.

46 William McNeill, 같은 책.

47 Maurice Daumas(dir.), *Analyse historique de l'évolution des transports en commun dans la région parisienne*, Paris: CNRS, 1977. 나는 의도적으로 위너Langdon Winner("Do Artefacts Have Politics?," *Daedalus* 109, 1980, pp. 121~36)와 매킨지("Marx and the Machine")가 연구한 뉴욕의 건축가 모지스Robert Moses의 경우와 상반된 사례를

선택했다〔로버트 모지스는 20세기 중반 뉴욕의 도시계획과
인프라 건설을 주도한 논쟁적 인물이다. 위너와 매킨지는
모두 모지스의 건축물을 '정치성을 가진 인공물'의 사례로
다루었다. 특히 위너는 버스가 통과할 수 없는 저고低高의
다리를 모지스가 설계하여 흑인과 저소득층이 롱아일랜드
해변으로 접근하지 못하게 한 사건을 분석했다. 위너는 이를
통해 기술적 결정이 중립적이지 않으며, 특정한 사회정치적
배제를 수행할 수 있음을 보여주었다〕.

48   위임, 역할의 분배, '내부의 사회학inner sociology'이라는
     개념들은 '테크노그라피techno-graphy'라고 부를 수 있을,
     기술적 인공물에 대한 비교기호학의 기초를 이룬다.

49   루스 코언Ruth Cowan은 가정주부의 노동에 관한 뛰어난
     연구(*More Work for Mother: The Ironies of Household
     Technology from the Open Hearth to the Microwave*, New
     York: Basic Books, 1983)에서 이러한 뜻밖의 재분배를
     짚어냈다. 주부들은 새로운 자동 장치의 도입으로 인해 훨씬
     더 많이 일하고, 그에 따라 많은 새로운 기업에 의존하게
     되었다. 그러나 동시에 주부들 역시 변화하고 재정의되며
     재배치되었다. 이런 이야기를 '기계에 의해 해방된 여성'이나
     '자본주의에 예속된 여성'으로 축약해버린다면 너무나
     안타까운 일일 것이다.

50   이런 입장은 마르크스주의자들 사이에서 가장 극적으로
     드러난다. 그들은 기술에 대해 극단적인 사도마조히즘적
     관계를 발전시켰다. 사디즘적이라는 것은 스탈린주의적
     버전에서는 '대안적 사회'라는 이름으로 대규모 살육을
     정당화할 수 있기 때문이고, 마조히즘적이라는 것은 유럽

좌파의 방식에서는 '대안적 사회'라는 이름으로 사람들이 기꺼이 스스로 비효율적이고 불구적이며 고통받는 존재가 되면서 여전히 자신들이 옳다고 믿을 수 있기 때문이다.

행위자 불평등 발생론

: 초기 라투르의 정치관,
   그리고 이후의 변화

브뤼노 라투르가 이 책에 실린 논문들*의 유일한 저자는 아니지만, 이 책은 라투르를 중심으로 묶였다. 라투르는 국내에도 이미 꽤 소개된 저명한 사상가, 생태주의자다. 여기 모인 글은 라투르가 과학기술사회학자로 활동을 시작하던 초기 논문들인데, 그럼에도 아마 이 책으로 라투르를 처음 접하는 국내 독자는 많지 않을 듯하다.

여기 실린 논문들은 대가의 원숙한 저작에 비하면 정제되지 않은 날것의 작업들이다. 『존재양식의 탐구』(2012)가 장대한 대서사시이고 『우리는 결코 근대인이었던 적이 없다』(1991)가 완성도 높은 장편소설이라면, 이 논문들은 실험적인 단편소설이라고 할 수 있겠다. 그렇다고 이들의 가치나 매력이 뒤떨어지는 건 아니다. 패기 넘치는 이 논문들은 현란한 정치적 쟁투를 담은 SF소설처럼 흥미진진하고 짜릿하다.

내가 이 논문들을 처음 알게 된 것은 몇 년 전 그레이엄 하먼의 『브뤼노 라투르』**를 읽으면서였다. 열정과 헌신으로 라투르의 '정치철학'을 일별하는 그 책 1, 2장에서 하먼은 세 논문을 자세히 읽는다. 한편 안드레아스 말름은 『이 폭풍의 전개』에서 이 논문들에 나타난 초기 라투르의 입장을 무자

---

*   이하 본문에서 세 논문은 「리바이어던」 「연결」 「군주론」으로 축약하여 부른다.

** 그레이엄 하먼, 『브뤼노 라투르: 정치적인 것을 다시 회집하기』, 김효진 옮김, 갈무리, 2021.

비하게 비판한다.* 하먼과 말름의 상반된 반응이 보여주듯, 이 논문들은 옹호자와 비판자 모두 흥분(?)시키는 논쟁적이고 자극적인 글들이다.

한국의 몇 저작에서도 이 논문들은 중요하게 언급된다. 과학사회학의 여러 갈래와 경향을 소개하는 김환석의 『과학사회학의 쟁점들』은 일찍이 행위자 네트워크 이론을 소개하면서 「리바이어던」을 중요하게 인용했다.** 최근에도 초기 라투르의 정치관에 대해 유익한 논문이 나왔는데, 「리바이어던과 브뤼노 라투르」에서 박범순은 초기부터 이어지는 라투르의 일관된 관심사가 리바이어던의 가변성과 "해체 가능성"에 있었다고 주장했다.***

라투르를 공부할 때 나의 가장 큰 관심사는 그의 정치관이었다. "과학과 기술이 다른 수단을 통한 정치"(p. 126)라고 말할 때 그 정치란 무엇인가, 혹은 무엇이어야 하는가? 사실 그의 정치관은 상당히 변화무쌍해서 한눈에 파악하기 어렵다. 그런데 라투르의 저작을 따라 읽으면서 나는 그 정치관의 변천사를 일별하는 것이 그의 사상을 이해하기 위해서뿐 아

---

* 안드레아스 말름, 『이 폭풍의 전개: 뜨거워지는 세계 속의 자연과 사회』, 김효진 옮김, 갈무리, 2025.

** 김환석, 『과학사회학의 쟁점들』, 문학과지성사, 2006, p. 70 이하 참조.

*** 박범순, 「리바이어던과 브뤼노 라투르: 행위자 네트워크의 해체 가능성에 대하여」, 『과학기술과 사회』 4, 2023, pp. 48~83.

니라 생태정치의 가능성과 필연성을 짚어보기 위해서도 중요한 숙제라고 생각하게 됐다. 관련 논의에 활기와 자극을 보태고 싶어 초기 논문들을 엮었다.

초기 논문 중에서 이것들을 고른 이유는 이러하다. 우선 사회와 정치에 대한 초기 라투르와 동료들의 관점이 명확하게 드러난다. 둘째, 라투르가 어떤 선배나 동료의 영향을 받으며 그의 이론을 만들어가고 있는지 잘 보여준다. 셋째, 지나치게 길지 않으면서 해석과 연구의 여지가 많은 함축적인 논문들이다. 넷째, 세 글의 내용이 유기적이어서 한 권의 책으로 엮는 것이 유의미해 보였다. 무엇보다 이 논문들에 나타난 사회-기술 관계에 대한 대담한 통찰, 권력에 대한 이해, 기술 민주주의에 대한 발상이 길게는 40여 년이 지난 지금도 참신하고 생생했다. 오히려 일상화된 기후 재난, 고도로 복합적인 사회-기술 얽힘이 낳는 위험, 거대 기업과 국가가 도모하는 AI 발전, 기술 발전이 야기하는 새로운 형태의 불평등을 고려하면 이 논문들의 문제의식은 더욱 첨예하게 시의적이고, 또한 논쟁적으로 다가온다.

이 논문들에는 젊은 라투르가 참조하는 선배 사상가의 목록이 확연히 드러난다. 홉스, 마키아벨리, 니체의 정치철학은 말할 것도 없고, 미셸 세르, 질베르 시몽동의 과학기술철학에 대한 참조도 눈에 띈다. 행위자 개념을 고안할 때 알기르다스 J. 그레마스의 기호학에서 영향을 받았다는 언급도 있다

(「리바이어던」미주8 참조). 뒤르켐이나 부르디외 같은 사회학의 대가들에 대한 도전 의식도 눈여겨볼 만하다.

　　대학에서 철학과 신학을 공부하다 1970년대 들어 과학기술학에 부쩍 관심을 기울이게 된 라투르는 1970년대 후반에 과학기술사회학자 칼롱, 영장류학자 스트럼과 협업에 돌입했다. 이 책에 실린 글에서도 라투르는 동료들에게 의존하면서 어떤 때는 넉살 좋게 동료들의 아이디어와 개념을 '훔치고' 있다. 사실 이 논문들만 보면 무엇이 라투르의 생각이고 무엇이 칼롱이나 스트럼의 생각인지 분별조차 되지 않는다. 다만 중기와 후기 라투르를 알고 있는 입장에서, 사후적으로 라투르 사상의 중요한 토대가 되는 핵심 아이디어나 개념을 알아볼 수 있다. 이를테면 '번역' 개념은 라투르에게 대단히 중요하지만, 원래 세르의 철학으로부터 칼롱이 가져와 사회학에 알맞게 발전시킨 것이다(「리바이어던」미주6 참조). 「군주론」역시 칼롱과 존 로 등의 시장·혁신 연구에 상당히 기대고 있다(「군주론」미주7 참조). 그런데 얄궂게도 라투르가 그렇게 '훔쳐서' 제 식으로 조합한 결과물이 퍽 흥미롭다.

1. 사회와 기술은 왜 다른 것이 아닌가

하먼은 홉스가 초기 라투르의 '영웅'이었다고 본다. 초기 라투르에게 미친 영향이 지대했으나 이후 희석되고 약화되었다는 것이다.* 박범순은 하먼의 해석을 비판하면서 홉스의 영향이 그렇게 지대하지는 않았다고 주장한다.** 박범순에 따르면 라투르는 리바이어던의 구성성과 해체 가능성을 강조하기 위해 그 괴물의 이미지를 빌린 것이지, 홉스를 비롯한 정치철학자들로부터 대단한 철학적 영감을 받은 것은 아니었다. 말하자면 라투르는 홉스를 '도구적'으로 활용했을 뿐이라는 것이다.

누구의 말이 맞을까? 이 논문들을 보면 라투르에게는 홉스만이 아니라 니체도 있고 마키아벨리도 있다. 홉스를 초기 라투르의 영웅으로 치켜세우는 하먼의 분석은 다소 과장됐다. 하지만 라투르가 홉스를 비롯한 정치철학자들의 사상을 도구적으로만 취했다고 보기도 어렵다. 박범순처럼 보면, 라투르와 칼롱이 홉스를 마르크스보다 더 근원적인 갈등을 포착한 사상가로 치켜세우는 것(「리바이어던」미주10 참조)도 설명되지 않는다. 라투르는 홉스에게서, 혹은 적어도 사회의 기원과 진화를 설명하려는 몇 학설에서 씨름할 가치가 있는 '근본' 문제를 발견한 것 같다.*** 라투르는 그 학설들을 답습

***

*   그레이엄 하먼, 『브뤼노 라투르』, 서문과 1장 참조.
**   박범순, 「리바이어던과 브뤼노 라투르」 참조.
***   스트럼과 함께 쓴 또 다른 논문 「인간 사회의 기원」에서 라투르는 사회의 기원과 진화를 다루는 다양한 학설을 탐구한다. 그 학설들에는 로버트 트리버스, 리처드 도킨스 등 현대 학자들의

하는 대신 오히려 그것들과 대결하고, 그것들을 개량하고 조합하면서 사회에 대한 자신의 이론을 발전시켜나갔다.

근대 초기의 사회계약론에서 '자연 상태'는 아직 사회가 발생하지 않은 사회의 기원이다. 이 자연 상태를 두고 홉스는 '만인에 대한 만인의 투쟁'으로, 루소는 아직 어떠한 불평등이나 사회적 갈등도 발생하지 않은 평화로운 상태로 가정한다. 이렇듯 두 철학자는 자연 상태를 전혀 다른 모습으로 그리지만, 인간들의 인위적 계약이 이루어지기 전에 순수한 자연 상태가 있었다고 가정한다는 점에서는 같다. 유인원 연구가 막 시작되던 20세기 초, 일련의 유럽인들은 유인원 무리에서 자연 상태의 전모를 발견할 수 있으리라고 기대했다. 그러나 유인원 무리를 조사한 연구자들은 순수한 자연 상태는커녕 오히려 매우 복잡하고 다양하며 유동적인 사회의 모습들을 발견하게 되었다. 유인원에게 가까이 다가갈수록 '자연'과 '사회'의 상상된 분할이 흐려졌다. 도대체 어디까지 자연이고 어디부터 사회인가? 사회는 인간만의 고안물이 아니었다. 자연과 사회라는 분리된 두 상태가 있는 것이 아니라, 번역의 규모와 범위에 따라 상대적으로 변별되는 사회들이 있을 뿐이다.

이론과 함께 프로이트, 루소, 홉스의 이론도 중요하게 포함된다. Bruno Latour & Shirley Strum, "Human Social Origins: Oh Please, Tell Us Another Story," *Journal of Social and Biological Structures* 9(2), 1986, pp. 169~87.

그리고 사회에 대한 인간 과학자의 조사 역시 사회를 구성하는 번역 활동의 일부다.

이렇게 자연 상태에 대한 옛 철학자들의 가정은 기각되고 그에 따라 총체적인 사회계약의 가설도 기각된다. 자연 상태는 사회의 본성을 설명하기 위해 고안된 신화적 기원일 뿐이다. 사회의 기원과 본성을 설명할 수 있다고 주장하는 사람이 누구든, 근대의 정치철학자든 현대의 신다윈주의자든 간에, "그들은 자신의 눈앞에서 일어난 일을 설명한 것이 아니다. 항상 허구적이거나 사변적인 학설을 창안하고 있기에, 최선의 경우 추론이고 최악의 경우엔 창작이다."* 사회의 기원을 확정할 수 없는 이유는 단순히 타임머신을 타고 최초의 순간으로 직접 갈 수 없다는 데만 있지 않다. 사회의 본성에 대한 학설은 결코 '사실'에 대한 객관적 진술일 수 없는데, "그 논의는 논의자 자신이 깊이 속한 사회를 다루기 때문"에 당대 사회의 영향을 받고 또 역으로 사회에 영향을 미치기 때문이다.** 그 영향이 강할수록 학자가 아닌 사회 구성원 역시 격렬하게 반응하기에, 사회에 대한 학설은 효과적일수록 더 논쟁적이고 정치적이다.

요컨대 사회의 본성에 대한 어떤 학설도 객관적 사실을 지시하는 발화일 수 없다. 그 학설은 사회를 구성하는 활동에

---

*   같은 글, p. 171.
**   같은 글, p. 172.

포함되기 때문에 언제나 수행적이다. 이는 사회의 기원이나 본성에 대한 학설뿐 아니라 사회구조, 사회의 형태, 사회의 상태에 대한 사회학적 담론과 조사 일반에도 적용된다.

「연결」에서 저자들이 말하듯, 사회에 대한 '전통적' 관점에서 '수행적' 관점으로 이동하면 모종의 대칭성과 비대칭성이 동시에, 새롭게 두드러진다. 먼저 라투르가 한결같이 도입하는 대칭성 원리는 이러하다. 만물이 사회를 수행하는 행위자가 될 수 있다. 이 원리는 오직 인간만이 복잡한 사회를 이루며 비인간은 그렇지 않다고 여기는 선험적인 위계를 해제한다. 사회의 본성에 대해 알지 못하는 보통 구성원과 전체 그림을 볼 수 있는 사회과학자의 지적 위계도 해제한다. 그런데 그러자마자 새롭게 부각되는 비대칭성이 있다. 결과적으로, 행위의 효능과 범위에 우열이 나타나는 것이다. 어떤 행위자는 거대한 수준에서 견고한 사회를 이루고, 어떤 행위자는 그러지 못한다. 어떤 행위자는 자신이 가진 사회의 상을 타자에게 관철하고, 어떤 행위자는 그러지 못한다. 행위자가 얼마나 많은 물질과 상징을 동원할 수 있는가에 따라, 얼마나 많은 타자를 회유하고 자기편으로 '등록'할 수 있는가에 따라 차이가 나타난다.

「연결」에 따르면, 개체 수준에서 개코원숭이는 인간보다 절박하게 사회적이다. 그들은 사회적 역할을 대신해줄 육체 외적 자원—사물, 제도, 다른 생명체, 신 등—을 거의 동원하지 못한다. 따라서 매번 만남에서 사회적 위치를 설정하기 위해 자기 몸과 자신이 체득한 사회적 기술만을 사용할 수 있을 뿐이다. 한 개코원숭이가 자신이 생각하는 '버전'의 사회를 다른 개코원숭이에게 강요할 가능성은 대개 자신의 육체적·언어적 능력에만 달려 있다. 개코원숭이 사회가 불안정하고 쉽게 달라지며 상황에 따라 다른 모습을 띠는 이유다. 개코원숭이는 너무 많은 사회적 문제와 동시에 분투하기 때문에 사회를 안정화하지 못한다. 저자들은 이러한 상태를 사회적 '복잡성'이라고 부른다.

반면 근대사회에서 인간의 사회적 위치는 개인의 육체적·언어적 능력으로만 규정되지 않는다. 오히려 그것들의 영향력은 일반적으로 작은 대신, 제도나 그가 동원할 수 있는 사물들(가령 의복과 명함 등), 그가 속한 상징적·물질적 네트워크 등이 사회적 과업을 대신한다. 저자들은 이러한 상태를 사회적 '복합성'이라고 부른다. 이것은 물질과 상징으로 이루어진 혼합물이 복잡한 사회적 과업을 끊임없이 단순화하는 상태를 의미한다. 사회적 과업이 단순화되는 만큼 행위자들은 더 거대한 수준에서 사회를 수행할 수 있게 된다. 무인도에 표류한 열 사람이 구성해나가는 작은 사회는 사소한 변수로도 달라질 것이다. 그러나 근대국가에서 인간의 사회적 지위와 상태는 그렇게 쉽게 달라지지 않는다. 사회구조 자체도 훨씬 견고하다.

사회적 복잡성에서 복합성으로의 이행은 '무른 사회'에서 '견고한 사회'로의 이행과 같다. 무른 사회는 쉽게 달라질 수 있는 사회고, 견고한 사회는 변화에 저항력을 가진 사회다. 견고한 사회에서는 개체들뿐만 아니라 온갖 물질과 상징이 촘촘한 네트워크를 이루고 있다. 이런 사회는 변화하기 힘들 뿐 아니라 파악하기도 힘들다. 복합적 혼합물이 복잡한 사회적 과정을 압축하여 '보이지 않게' 하기 때문이다. 개코원숭이 사회의 권력관계는 쉽게 달라진다. 반면 오늘날의 대기업이나 강대국은 너무나 많은 물질과 상징을 자신의 방식으로 결합하고 있어서 그 권력을 해체하기가 극히 어렵다. 개코원숭이 사회에서 우세한 수컷은 기껏해야 자기 주변 무리에 영향을 미칠 수 있을 뿐이다. 반면 오늘날 글로벌 기업이나 패권국은 행성적인 영향력을 행사한다. 사회가 근대화될수록 거시 행위자는 더 커지고 견고해져서 행위자가 아니라 구조처럼 보인다. 마침내 보통의 행위자를 압도하는 객관적 사회구조가 '미리' 존재하고 개별 행위자는 그 구조에 끼워 맞춰지는 것으로 보이기에 이른다. 하지만 세 논문이 한결같이 강조하듯, 거시 구조처럼 보이는 것조차 구체적 행위자들이 분투한 결과다.

사회가 커지고 복합적으로 되는 동인은 행위자들의 권력투쟁이다. 권력을 가진 거시 행위자는 현 상태를 안정화하기 위해 더 많은 지식과 자원을 동원한다. 인간끼리의 '약한 연결'을 촘촘하게 엮인 물질과 상징의 '강한 연결'로 대체하려는 것이다. 거시 행위자에 대항하거나 그와 경쟁하는 다른 행위자는 판도를 바꾸기 위해 새로운 지식과 예측할 수 없는 자원을 끌어들인다. 그렇게 행위자들은 각자의 이해를 좇아 사회-기술 혼합물의 이질성을 증가시킨다. 이때 증가하는 혼합물을 관리하는 지식과 장치와 요령을 아울러 흔히 '기술'이라 부른다. 하지만 그렇게 본다면 기술은 이미 언제나 사회적이다. 기술이 사회적으로 구성되기 때문만이 아니라, 기술이 그 자체로 압축된 사회이며 사회를 견고하게 압축하는 방법이기 때문이다.*

　　라투르가 「군주론」에서 군비경쟁에 빗댄 이런 분투의 과정은 정치극이나 국제 뉴스에 나오는 거창한 투쟁 속에만 있는 것이 아니다. 일상생활 속에도 있다. 가령 사람들은 가사 노동 시간을 단축하고 그동안 휴식하거나 다른 일을 하기 위해 세탁기, 건조기, 로봇청소기 같은 기계를 집에 들인다. 이로써 가사의 복잡성은 복합성으로 압축된다. 제품을 판매하고자 하는 기업의 이해관계는 가사 노동을 단순화하려는 소비자의 이해관계와 맞아떨어진다. 그렇게 보급된 기계가 어느새 당연해지면서 그것을 만드는 기업에의 의존도 의식할 수 없을 정도로 당연해진다. 대상이나 네트워크가 당연

＊　　Bruno Latour, "Technology is Society Made Durable," *Sociological Review* 38(1), 1990, pp. 103~31.

하게 여겨질수록 그것은 '블랙박스'가 된다. 다시 말해 그것이 어떤 원리로, 무엇을 동원하고 결합하며 작동하는지 생각할 필요가 없게 된다. 하지만 어떤 블랙박스도 완전히 밀봉될 수는 없다. 블랙박스가 커지고 복합적으로 될수록 잠재적인 위험도 덩달아 커진다. 가령 수많은 가정에서 사용하는 로봇청소기의 카메라가 해킹당해 영상이 유출되었음이 밝혀진다. 그럴 때 블랙박스는 열리고 사회적 논쟁에 부쳐지며 새로운 법안과 규제가 만들어지곤 한다. 우리는 일상적으로 스마트폰을 사용하면서 그것이 어떤 물질, 기관, 기구, 제도, 법, 담론의 네트워크 속에서 작동하는지 생각하지 않는다. 하지만 통신사의 정보 유출이나 통신국 화재 등으로 불편을 겪으면 네트워크를 살펴보고 점검하게 된다. 그 결과로 개인이나 기관이 사회적 비난을 받고 법적 처벌을 받을 수도 있다. 이때 단순히 '기술적' 대상으로 여겨지던 것이 '사회적' 문제로 불거지는 듯 보인다. 하지만 사실 기술과 사회는 다른 것이 아니다. 어떤 연합이나 네트워크가 얼마나 견고하게 압축되었는가에 따라 때로는 기술로, 때로는 사회로 여겨질 뿐이다. 즉 기술은 견고하게 압축된 사회다. 혹은 라투르의 말대로 "기술은 오래 견디게 만들어진 사회다."* 반대로, 논쟁적으로 펼쳐질 때 기술은 사회였음이 드러난다.

*   같은 글.

2. 민주주의적 존재론 혹은 행위자 불평등 발생론

여기 엮인 논문들에서 라투르는 홉스, 마키아벨리, 니체 등 강력하면서도 의심스러운 이름이 수놓아진 이른바 '현실주의' 정치사상의 계보에 자신을 위치시킨다. 사실 이 문제적 사상가들이 여전히 흥미로운 것은 이론적 무자비함 때문이다. 그들의 펜 아래에서는 어떤 도덕적 가치도 면제되지 않는다. 따라서 그들의 저술은 당연하게 여겨지는 가치를 당연하지 않게 만든다. 그에 비하면 라투르는 철저하지 못한 게 아닌가 의문을 품게 되기도 한다. 가령 「군주론」에서 라투르는 민주주의를 당위로 전제하면서 모든 '비도덕적' 분석의 명분으로 내세우는 듯 보인다. 예리한 독자라면 물을 것이다. 라투르는 여하한 상위의 도덕적 규율과 당위를 거부하는 듯 보이는데, 그렇다면 다른 체제에 비해 민주주의를 특별히 옹호해야 할 이유는 무엇인가?

부정적으로는, '1세계'의 상식이 된 민주주의를 라투르가 관성적으로 옹호하고 있다고 볼 수도 있다. 이때 민주주의는 그저 아무런 초월적 당위도, 추구할 이념도 없는 세계를 일컫는 부정적 이름에 지나지 않는다. 혹은 기껏해야 (파시즘 등의 위협에 맞서는) 방어적인 이름일 것이다.

하지만 라투르의 저작들을 따라 읽다 보면 반대로 생각하게 된다. 라투르에게 민주주의는 여러 가능한 정치체제나 권력의 분배 양식 중 하나가 아니며 방어적인 도덕적 타협도 아니다. 라투르에게 민주주의는 존재론적 위상을 갖는다. 말하자면 사물들은 민주주의적으로 존재한다. 「비환원」(1981/1988)에서 라투르는 어떤 것도 다른 무엇으로 환원될 수 없음을 깨달은 계시의 순간을 다분히 문학적으로 회고한다.* 그 직관은 고집스러운 집념처럼 혹은 판도라의 희망처럼 라투르의 이론 밑바닥에 버티고 있다. 어떤 것도 다른 무엇으로 환원될 수 없다는 말은, 동등한 다수만이 있고 이 다수를 통일하는 '하나'〔一者〕는 없다는 뜻이다. 그러나 동시에 매 순간 다수는 하나로 환원되는 듯 보인다. 하나로 환원될 수 없는 동등한 다수, 그러나 언제나 하나로 환원되고 있기에 동등하지 않은 다수—이것이 민주주의적 존재론의 **이중성**이다. 「비환원」에서 라투르는 만물의 환원 불가능성이라는 행복한 계시의 순간을 회고하기에 앞서 알쏭달쏭하고 이상한 명제를 제시한다.

아무것도, 그 자체로, 그 밖의 어떤 것으로 환원 가능하지도 환원 불가능하지도 않다.**

*   브뤼노 라투르, 「비환원」, 『프랑스의 파스퇴르화』, 이상원 옮김, 한울, 2024, pp. 240~41.
**   같은 책, p. 233.

무엇도 환원될 수 없지만 동시에 무엇이든 환원될 수 있다.*
원칙적으로 모든 존재자는 다른 무엇으로도 환원되지 않는
다. 라투르가 그리는 세계에서는 모든 존재자가 같은 평면에
나란히 있기 때문이다. 그러나 이 세계가 순수한 카오스는 아
니다. 매 순간 모든 행위자가 다른 행위자를 환원하려 하기 때
문이다. 모든 행위자는 존재론적 평면을 제 방식으로 구부린
다. 다시 말해 자기 주변 세계에 제 나름의 질서를 부여하려
한다. 때때로 이 질서는 매우 광범위해지고 완고해져서 한 행
위자가 정말로 다른 행위자들을 장악하거나 남김없이 대표
하는 듯 보인다. 그렇게 그는 거대해지고 우세를 점한다. 마
치 다수의 국민을 대표한다고 자처하는 정치인이 보통 사람
보다 훨씬 강한 권력을 갖듯이 말이다.** 그러나 어떤 권력도
영원할 수는 없다. 다른 행위자에 포섭되거나 동맹에 '등록'된
행위자들 역시 환원에 저항하고 있으며, 언제든 동맹에서 이
탈할 준비를 하고 있다.

*   이 모순을 실천적으로 보여주는 것은 초기 라투르의 이론 자체다.
    그는 아무것도 환원될 수 없다고 말하지만, 동시에 모든 동등한
    존재자를 '언제든 다른 무언가를 제 방식으로 환원하려 하는
    행위자'로 환원하기 때문이다. 하먼은 이 모순을 재치 있게 짚고
    있다. 그레이엄 하먼, 『브뤼노 라투르』, p. 106 이하 참조.
** 물론 라투르와 칼롱이 지적하듯 다수의 국민을 대표하는 정치인은
    거시 행위자의 단조롭고 추상적인 예일 뿐이고, 실제로 많은 거시
    행위자는 다수의 이질적인 물질, 상징, 생명, 의견, 믿음을 회유하고
    번역하고 등록함으로써 거시 행위자가 된다.

라투르에게서 발견되는 것은 하나에 대한 완고한 부정으로, 그의 세계에는 고대 철학의 '이데아'도 기독교적 '유일신'도 근대 과학의 '고정점fixed point'도 없다(대신에 잠정적인 '필수통과지점'은 있다). 라투르의 존재론은 근본적으로 하나가 없는 세계, 오직 다수만이 있는 세계를 상정한다. 그러나 이 세계에서 모든 행위자는 다수를 포섭한 하나가 되기 위해 분투하고 있다. 하나가 없어서 분쟁이 끊이지 않는, 모든 존재자가 하나가 되기 위해 분투하는, 그럼에도 어떤 행위자도 결국 하나일 수 없는, 이렇게 역동적인 세계의 논리를 민주주의라고 한다면, 라투르의 존재론은 철저히 민주주의적이다.

물론 이는 우리가 살아가는 세계의 현실이 그렇게 평등하거나 민주적이라는 뜻이 아니다. 오히려 **존재론적 동등성**을 가정하면, 우리 주변 어디에나 있는 불평등과 비대칭성이 더욱더 해명해야만 하는 문제로 부각된다. 행위자들이 원칙적으로 동등하다면, 그들 사이의 힘과 크기의 차이는 **실질적**으로 어떻게 발생하고 유지되며 변화하는가? 이 책에 실린 세 논문은 바로 이 문제에 답하려 하고 있다.

이 책의 논문들이 민주주의적 존재론 위에서 그려내는 것은 '행위자 불평등 발생론'이라고 할 수 있다. 행위자들의 동등함을 강조하면서 권력의 차이나 책임을 흐려버린다는 지적은 이제 라투르나 행위자 네트워크 이론에 대한 상투적 비판이 되었다.* 하지만 세 논문을 주의 깊게 읽으면 그런 비판이 그다지 정당하지 않게 여겨질 것이다. 실상은 반대인데, 라투르는 권력의 차이가 실로 어떻게 생겨나는지 더 잘 이해하기 위해 행위자들의 동등성을 전제한다. 힘의 비대칭성, 즉 불평등은 평등의 가능한 귀결로 설명되어야 한다. 이것이 라투르가 홉스로부터 '훔친' 핵심 아이디어다. 홉스는 자연 상태에서 모든 인간이 평등하다고 가정했다.** 만약 사람들이 '자연적'으로 불평등했다면 '사회적' 불평등 역시 자연스러울 것이다. 즉 어떤 사람들이 다른 사람들보다 본성적으로 우월하다면, 열등한 집단에 대한 우월한 집단의 지배는 자연스러울

---

*   물론 이런 종류의 비판이 이유 없이 제기되지는 않았을 텐데, 실로 행위자 네트워크 이론을 활용해 한 사안에 얼마나 다양한 행위자가 참여하는지 강조하면서 그들의 동등함을 확인하는 데 그치는 연구나 비평이 있기 때문이다. 행위자들의 동등함을 '존재론적 전제'로서 받아들이면, 연구는 오히려 현실의 어디에나 있는 듯 보이는 행위자 간 불평등과 비대칭성이 실질적으로 어떻게 생겨나고 유지되는지를 해명해야만 한다.

**   잘 알려져 있듯, 홉스가 말한 평등은 서로를 죽일 수 있는 능력의 평등이다. 누구든 타인을 죽일 수 있지만, 언제든 죽임을 당할 수도 있다. 이렇게 위험하고 야만적인 상태에서 벗어나기 위해 사람들은 인위적으로 비대칭성을 만들어낸다. 즉 자신의 자연권을 한 사람 혹은 집단에 자발적으로 양도함으로써 모두의 대변자이자 통치자이자 법관인 '리바이어던'을 만들어낸다. 홉스의 관점에서 보면 개인에서 국가에 이르는 층위와 규모, 권력의 차이는 사람들이 자연적으로 불평등하기 때문이 아니라 **평등하기 때문에** 만들어지는 것이다.

것이다. 이렇게 본다면 불평등은 변할 수 없는 것이 된다. 반대로 사람들이 자연적으로 평등하다면 모든 불평등은 인위적인 것이 된다. 라투르가 홉스에게서 가져온 생각은, 모든 비대칭성이 인위적인 구성물이라는 것이다. 라투르가 이러한 논의를 만인에서 더 나아가 만물로까지 확장할 때, 심지어 인간과 비인간의 위계마저 당연하고 자연스러운 것이 아니라 설명해야만 하는 차이가 된다.

행위자는 불평등해서 불평등한 것이 아니며, 평등했지만 타락해서 불평등해진 것도 아니다. 오히려 **평등하기 때문**에 매 순간 새롭게 불평등해지는 것이다. 이렇게 볼 때만 불평등의 현행 상태를 자연화하지 않고 언제든 변할 수 있는 것으로 이해할 수 있다. 어떠한 불평등도 자연스럽거나 필연적이지 않다. 모든 관계는 비대칭적이지만, 어떤 비대칭성도 당연하지는 않다. 모든 비대칭성은 설명되어야 한다. 그리고 설명될 수 있는 비대칭성은 변할 수 있는 불평등이다. 라투르와 칼롱을 따라 홉스의 '계약'을 '번역'으로 대체하면, 행위자들의 구체적 실천이 매 순간 비대칭성을 창출하고 유지하며 변형한다는 점을 더 분명하게 이해할 수 있다. 라투르의 세계관은 '만인에 대한 만인의 투쟁'이 아니라 '만물에 대한 만물의 번역'으로 특징지어질 수 있을 것이다. 어떤 행위자가 자신의 방식으로 타자를 번역하는 데 성공하는가? 바로 여기에 비대칭성의 비밀이 있다. 그러나 행위자에 의해 '번역된' 행위자 역시 '번역할' 역량을 갖고 있기에, 비대칭성의 형태는 고착될 수 없다.

마찬가지로 흔한 비판은 라투르가 자본주의, 가부장제 등 거시 구조에 지나치게 무관심하고 무비판적이라는 것이다. 이런 비판에는 일리가 없지 않다. 라투르의 제안처럼 우리가 '이 순간 구성되는' 것에 관심을 쏟을 때 긴 시간 축적되어온 폭력과 힘, 영향의 역사를 간과할 수 있다는 비판은 경청할 가치가 있다.* 그러나 조문영이 균형 잡힌 방식으로 지적했듯, 습관적으로 '사회구조'나 '체제'를 말하는 사회 이론에 대한 라투르의 비판 역시 경청할 가치가 있다.** "자본주의는 존재하지 않는다"라는 라투르의 말은 악명 높다.*** 그런데 라투르가 유일신이 존재하지 않는 것과 같은 의미에서 하나의 자본주의는 존재하지 않는다고 말할 때, 이는 자본주의조차 언제나 국지적 상황 속에서―인간에 국한되지 않는―구체적 행위자들에 의해 수행되어야만 한다는 뜻이다. 그렇지 않다면 자본주의는 지속되지 않을 것이다. 지금 우리에게 극히 거대하고 견고해 보이는, 당연하게 여겨지는 구조조차 행위자들의 이합집산이 만든 결과로 이해되어야 한다. 그렇지

---

*　　　조문영, 「행위자-네트워크-이론과 비판인류학의 대화: '사회'에
　　　　관한 논의를 중심으로」, 『비교문화연구』 27(1), 2021, p. 402에
　　　　인용된 포턴 Kim Portun의 주장 참조.

**　　같은 글 참조.

***　　브뤼노 라투르, 「비환원」, 『프랑스의 파스퇴르화』, p. 256.

않으면 도리어 체제나 구조를 불변의 힘 혹은 자연적 조건으로 절대화해버릴 위험이 있다. 한 비평가가 온갖 현상·작품·사물을 신자유주의나 후기자본주의 때문이라고 설명한다고 생각해보라. 그런 설명은 구체적 사례의 특수성을 설명하지 못할 뿐 아니라, 자신이 비판하는 체제를 모든 것을 배후에서 조종하는 무시무시한 힘으로 절대화함으로써 오히려 변화의 가능성을 사고하지 못하게 한다. 라투르는 (설명되어야 할) 아주 긴 목록을 (설명을 위해 습관적으로 사용하는) 너무 짧은 목록에 대응시키는 사회학자를 비난하고 있다.

3. 라투르의 정치관 변화

앞서 우리는 두 가지 흔한 비판을 빠르게 살펴봤다. 이제 조금 다른 비판 앞으로 라투르를 데려가보자. 우리는 「연결」의 결론에서 정치에 대한 단순한 정의를 본다. 스트럼과 젊은 라투르에게 중요한 정치적 문제란 '무른' 사회에서 '견고한' 사회로 이행하게 하는 조치다. 즉 이들은 사회가 더 안정성을 띠게끔 "물질적 자원과 상징"을 동원하는 방식을 실험하는 것을 정치라 여긴다. 하지만 이렇게 보면 정치는 단지 사회를 점점 더 변할 수 없게 만드는 활동이 된다. 설령 행위자들의 분쟁이 끊임없이 사회에 내재적 유동성을 공급하더라도, 이렇게 정

의된 정치는 하먼이 규정하는 "권력 정치"의 성격에 너무 쉽
게 부합한다. 즉 이 세계의 정치는 "상위의 공통 기준에의 호
소라기보다 주로 승리를 향한 투쟁"이 될 것이다.* 정치는 누
가 자신의 방식으로 사회를 안정화할지를 둘러싼 투쟁으로
환원되고 만다. 권력과 정치에 대한 초기 라투르의 관점은 실
로 보수적인 데가 있다.

　게다가 논문들 전반에서, 특히 「군주론」에서 마르크스
주의에 대한 반감 혹은 부인을 볼 수 있다. 마르크스주의에 해
박하지 않은 내가 보기에도 마르크스주의에 대한 초기 라투
르의 이해는 편협하다. 여기에는 나름의 시대적 이유가 없지
않다. 1980년대는 프랑스 공산당이 모순과 부조리를 만연하
게 노출하던 시기였다. 라투르에게 지대한 영향을 미친 '평화
주의자' 세르는 젊은 라투르 앞에서 프랑스 학계의 전투적이
고 교조적인 분위기에 대해, 특히 '비판'과 '변증법적 유물론'
에 대해 강하게 불평했다.** 시몽동은 노동 소외에 대한 마르
크스주의적 이해와 거리를 두면서, 현대사회의 소외는 기술
때문이 아니라 오히려 기술에 대한 단순화와 몰이해 때문에
생긴다고 보았다.*** 세르와 시몽동의 '탈마르크스주의적' 입장

　*　　그레이엄 하먼, 『브뤼노 라투르』, p. 119.
　**　　미셸 세르, 『해명』, 박동찬 옮김, 솔출판사, 1994. 이 책은 라투르가
　　　　묻고 세르가 답하는 대담의 형식으로 이루어져 있다. 특히 4장
　　　　「비판의 종말」, pp. 223~87 참조.
　***　질베르 시몽동, 『기술적 대상들의 존재 양식에 대하여』, 김재희

에 영향을 받은 라투르는 마르크스주의에 대한 반감을 숨기지 않는다. 그러나 (곧이어 살펴보겠지만) 후기 라투르는 마르크스를 좀더 균형 잡힌 방식으로 다룬다.

라투르가 마르크스를 지나치게 단순화해서 비판한다는 이유로 우리도 라투르를 단순화해서 비판할 필요는 없을 것이다. 하지만 애석하게도 그것이 말름이 한 일인데, 그는 일찍이 라투르가 마르크스에 대해 저지른 실수를 라투르에게 반복한다. 21세기의 레닌주의자이자 전투적 생태주의 이론가로서 라투르의 가혹한 비판자이기도 한 말름은 라투르의 구성주의가 "상당히 통속적인 마키아벨리주의 또는 니체주의로 귀결되는" "인식론적 허무주의"라고 일갈한다.* 그러면서도 말름은 후기의 어떤 라투르는 인정하는데, 라투르가 기후 위기의 긴급성을 직시하여 인류세가 아닌 '자본세 Capitalocene'를 말하고 포스트휴머니즘이라는 잘못된 유행과 거리를 둔다는 이유에서다.** 말하자면 말름은 '대체로 나쁜 라투르'와 '예외적으로 좋은 라투르'를 구분한다. 초기, 중기, 후기 라투르를 굳이 단절시켜놓고 보면 말름의 비판은 설득력이 있다. 다양한 연구와 비평에서 가장 많이 인용되고 이용

옮김, 그린비, 2011; 김재희, 「인간과 기술의 공생이 우리의 미래를 개방한다: 질베르 시몽동의 새로운 휴머니즘」, 이광석 외, 『현대 기술·미디어 철학의 갈래들』, 그린비, 2016, pp. 28~64 참조.

*   안드레아스 말름, 『이 폭풍의 전개』, p. 214.
** 같은 책, pp. 223~24.

되는 라투르, 즉 (종종 무책임하게) 행위자들의 동등성을 강조하는 신유물론적 혼종주의hybridism에 대해서라면 말름의 비판은 상당히 적실해 보인다. 하지만 말름은 라투르의 변화하는 궤적이 급진적 생태주의 사상에 제공할 수 있을 중요한 교훈을 누락하거나 무시한다. '대체로 나쁜 라투르'와 '예외적으로 좋은 라투르'를 단절시켜 이해할 것이 아니라 그가 어떻게, 왜 변해갔는지를 사고할 필요가 있다. 들뢰즈가 푸코에 대해 그렇게 말했듯,* 한 사상가로부터 배우고자 한다면 그의 변화와 동행하면서 그가 왜 변해야만 했는지를 이해해야 한다.

라투르라는 사상가가 왜 변할 수밖에 없었는지 사고하는 일은, 과학적 확실성이나 혁명적 과단성에 대한 노스탤지어에 빠지지 않으면서 기후 위기의 실재성과 투쟁의 현실성에 접근하는 좋은 방법이 될 수 있다. 어떻게 참과 당위를 못 박는 소박한 실재론이나 과학주의, 지난날의 혁명적 수사에 의존하지 않으면서 재난과 불평등, 회의주의에 맞설 것인가? 바로 이것이 말름이 '인정'하는 후기의 라투르가 몰두한 문제다. 라투르는 민주주의, 구성주의에 대한 자신의 고집을 포기하지 않으면서 그렇게 하기를 원했다.

이제 나는 라투르의 정치관 변화를 거칠게 요약하는 하나의 짧은 줄거리를 제시하고자 한다. 이 내용은 학술적으로

---

*   질 들뢰즈, 「푸코의 초상」, 『대담 1972-1990』, 신지영 옮김, 갈무리, 2023, pp. 189~220 참조.

훨씬 엄밀하게 보충되어야 하겠지만, 우선 이 논문들 이후의 라투르에게도 관심을 가질 독자를 위해 가설적인 수준의 설명을 제시해본다. 다음의 줄거리는 초기, 중기, 후기 라투르를 나누어 변화를 일별하면서도 그 궤적의 연속성을 누락하지 않기 위해 고안되었다.

아주 개괄적으로 보면, 라투르의 정치관은 생태정치의 긴급성을 점점 더 확고하게 인정하고 촉구하는 방향으로 변해갔다. 우리가 사는 지구의 얇은 생존층 혹은 '가이아'*의 유한성이 라투르에게 중요하면서도 치명적인 문제로 대두되었다. 초기의 라투르는 물질과 상징을 동원하고 그 동원을 실험하는 과정을 정치와 동일시했지만, 얼마 안 가서 그 동원과 실험이 끝없이 이루어질 수 없음을, 그 과정에 명백한 한계가 존재함을 알게 된다. 이 변화가 초기와 중기 라투르를 구별한다. 우리는 사회를 안정화하기 위해 혼합물을 끊임없이 증가시

---

*   '가이아 가설'은 지구과학자이자 화학자인 제임스 러브록과 생물학자 린 마굴리스가 1970년대에 제안한 것으로, 대기를 포함한 지구 표면의 생존층을 자율 조절 기능을 가진 유기체처럼 바라보는 관점이다. 따라서 가이아 가설은 활동하는 생명체들의 '배경'으로서 자연이라는 개념과 상충하는데, 생명체들의 활동 자체가 생명이 거주할 수 있는 환경을 구성해나간다고 보기 때문이다. 기퍼드 강연록인 『가이아 마주하기』에서 라투르는 오늘날 가이아가 어떤 정치적, 인식론적 문제들을 제기하는지 논하고 있다. Bruno Latour, *Facing Gaia: Eight Lectures on the New Climatic Regime*, Catherine Porter(trans.), Cambridge: Polity, 2017.

킬 수 없다. 이미 지나치게 증식한 혼합물은 위기로 돌아와 더 복잡한 문제를 야기하고 있다. 도심의 싱크홀이 사상자를 발생시키고, 더워지는 기후에 대규모 산불이 빈번해지며, 통신국 화재는 수백만 명을 갑자기 네트워크에서 단절시킨다. 이런 위험들은 사회가 거대한 규모로 조직되고 연결망이 촘촘할수록 오히려 더 커진다. 중기의 대표적 저작인 『우리는 결코 근대인이었던 적이 없다』에서 라투르는 혼합물을 '하이브리드'라고 부른다. 은밀하게 증식한 하이브리드가 야기하는 다양한 위기는 '하이브리드의 귀환'이라 부를 수 있다. 근대인이 사회를 거대하게 조직하고 안정화하기 위해 보이지 않게 동원했던 그 무엇이 사회의 안정성을 근본적으로 위협하는 재난으로 돌아오는 것이다.

중기 라투르의 문제의식은 발전한 근대성 자체가 위기를 부른다고 본다는 점에서 울리히 벡의 『위험사회』(1986)와 견줄 수 있다.* 벡은 증가하는 위험에 대처하기 위해 '성찰적 근대화reflective modernization'를 대안으로 제시했다. 거칠게

---

*   울리히 벡, 『위험사회: 새로운 근대(성)를 향하여』, 홍성태 옮김, 새물결, 2006. 벡의 '성찰적 근대화'에 대한 라투르의 비판으로는 "Whose Cosmos, Which Cosmopolitics?," *Common Knowledge* 10(3), 2004, pp. 450~62 참조. 또한 그레이엄 하먼, 『브뤼노 라투르』, pp. 171~79 참조. '파국'이라는 쟁점으로 벡과 라투르를 비교하는 논의로는 김홍중, 『가까스로-있음: 브뤼노 라투르와 파국의 존재론』, 이음, 2025, 2장, pp. 55~102 참조.

요약하자면, 이미 실추된 근대적 '진보'를 이어나가면서도 그것이 낳는 위험을 최소화하기 위해 '근대성을 비판적으로 돌아보는 근대화'를 시도하자는 것이다. 벡은 진보가 실험실이나 연구실 속 과학에 국한되지 않는 성찰적 학습의 과정이어야 한다고 본다. 반면 라투르의 해법은 더 급진적인데, 근대성의 헌법을 버리고 새 헌법을 작성해야 한다는 것이다.* 라투르가 대안으로 제시한 것은 '사물의 의회'였다. 근대인이 공적으로 대변하거나 재현하지 않았던 비인간 사물을 공적인 지식과 정치의 영역으로 불러들이자는 것이다. 이것이 중기 라투르의 '공화주의적' 면모다. 이는 하이브리드를 증식시켜야 한다는 주장이 아니다. 정반대로 연결망의 증식을 억제해야 한다는 것이다. 19세기의 사회학적 지식이 인구를 관리와 통제의 대상으로 만들었듯, 하이브리드의 공적 재현은 결국 하이브리드의 생성 변화를 통제하기 위한 것이다. 우리는 "괴물의 존재를 공식적으로 표상/대표함으로써 그 증식의 속도를 완화하고 방향을 재조명하며 규제할 수밖에 없으리라."** 리바이어던이 더 커지지 않게 규제해야 한다. 대신 과학에서도 정치에서도 시민권을 얻지 못했던 '제3신분'의 하이브리드들은 의회에 들어올 것이다.

---

*   브뤼노 라투르, 『우리는 결코 근대인이었던 적이 없다』, 5장 「재분배」 참조.

**   같은 책, p. 45.

이 공화주의적 입장에도 여전히 맹점이 있다. '사물을 공적으로' 만드는 노력은 단지 진행되는 변화의 속도를 늦추고 그 범위를 통제하는 데 머무를 공산이 크기 때문이다. 이는 전지구적 불평등과 생태적 재난의 심각성을 고려했을 때 지나치게 소박한 대안일 수 있다.

어느 순간 라투르는 의회주의의 한계를 분명하게 인정했다. 후기의 대표적 저작 중 하나라고 할 수 있을『가이아 마주하기』에서 라투르는 기후변화 회의론자를 '적'으로 삼는 투쟁적 정치가 생태주의에 반드시 필요함을 언명했다.*『지구와 충돌하지 않고 착륙하는 방법』(2017)에서 라투르는 회의주의와 함께 증가하는 불평등도 냉철하게 지적한다. 라투르는 1980년대 이후의 고삐 풀린 탈규제 경향, 폭증한 불평등, 기후변화 회의론, 자민족 중심주의와 극우 포퓰리즘의 대두, 트럼프의 당선, 이민을 둘러싼 갈등이 서로 연관된 문제라고 주장한다.** 라투르의 가설에 따르면, 그 모든 것은 '인류의 풍요와 해방'이라는 근대적 가치가 더 이상 추진 불가능하다는 것을 깨달은 부유한 나라의 엘리트들이 그 근대적 약속을 배반하고 자신들의 재산과 안전만을 고려하기로 작정한 결

---

*   Bruno Latour, *Facing Gaia*, 특히 7장 "The State (of Nature) Between War and Peace" 참조.

**   브뤼노 라투르,『지구와 충돌하지 않고 착륙하는 방법: 신기후체제의 정치』, 박범순 옮김, 이음, 2021.

과다. 가령 지구상의 모든 인간이 미국인 평균 수준으로 생활하려면 지구가 다섯 개 이상 필요하다.* 아마 갑부들처럼 생활하려면 수십 수백 개 필요할 것이다. 따라서 모두가 그렇게 사는 것은 불가능하지만, 부유한 나라의 지도층은 자신들의 호화로운 생활을 포기할 생각이 전혀 없다. 그리하여 그들은 소수의 엘리트만 계속해서 지금과 같은 부귀영화를 누리는 가운데 지구상의 나머지 인간, 생명은 격심해지는 재난과 갈등 속에 방치하기로 결정했다. 바로 그것을 위해서 1980년대부터 규제를 없애고, 자산 격차를 늘리며, 조직적으로 기후변화를 부정하고, 국경의 문턱을 높이는 일련의 사태가 벌어진 것이다…

따라서 생태주의 운동은 사람들을 호도하는 회의주의뿐 아니라 불평등에 맞서 투쟁해야 한다. 라투르는 이 점을 특히 『녹색 계급의 출현』(2022)에서 천명했다.** 녹색 계급은 경제의 자율성을 위해 사회를 희생시키는 것에 반대한다는 점에서 "한 치의 어긋남도 없는 좌파"다.*** 자본가, 기업가, 권력

---

* 현재 한국 평균 수준으로 생활하려면 지구가 네 개 필요하다. Earth Overshoot Day, "How Many Earths? How many countries?," https://overshoot.footprintnetwork.org/how-many-earths-or-countries-do-we-need/

** 브뤼노 라투르·니콜라이 슐츠, 『녹색 계급의 출현: 스스로를 의식하고 자랑스러워하는』, 이규현 옮김, 이음, 2022.

*** 같은 책, p. 20.

자는 정당한 몫을 치르지 않으면서 많은 인간을 동원했고, 점점 더 많은 비인간을 동원하는 중이다. 인간 노동자가 정당한 노동의 대가를 요구하며 투쟁해왔듯, 이제 구멍 나고 부서진 '진보'의 상자에서 비인간이 쏟아져 나와 응당한 실재의 몫을 치르라고 요구하고 있다. 그 요구에 응한다면, 우리는 생활에서의 편리를 상당 부분 포기해야 한다. 그러나 자원과 권력을 가진 이들은 이 몫을 끊임없이 빈곤하고 취약한 이들에게 전가한다. 투쟁이 없으면 그들 스스로 특권을 포기하지 않을 것이다. 후기 라투르는 이 점을 직시했기에 과거 자신이 부인했던 마르크스주의를 본받으려 한 것이다. 사실 "유물론적인 접근을 토대로 전개"되는 "계급투쟁"이 어떻게 "마르크스주의의 전통"에 대한 계승이 아닐 수 있겠는가?* 다만 분명한 차이점도 있다. 라투르는 전통적 마르크스주의 역시 '생산'을 중심에 두고 생산을 추구한다는 점에서는 근대 자유주의와 다를 바 없다고 본다. 이 근대적 생산주의는 '자연'을 생산을 위한 자원으로 환원하거나 기껏해야 진보하는 인류 역사의 배경으로 삼는다. 라투르는 생산을 추구하는 것이 아니라 (생산 자체를 가능케 하는) '생성engendering'의 지속성을 해치지 않고 돌보는 새로운 문명이 녹색 계급의 지향점이어야 한다고 본다.** 물론 라투르처럼 마르크스주의를 이해할 수 있는지,

*   같은 책, p. 23.

**   김환석, 『브뤼노 라투르』, 커뮤니케이션북스, 2024, 8장

과연 역사적 마르크스주의에 생태주의적 계기들이 없었는지는 여전히 이론의 여지가 있다.

다만 후기 저작으로 올수록 라투르가 마르크스주의에서 무엇을 본받고 무엇을 비판하는지가 명확해진다. 마르크스에 대한 이 '비판적 계승'은 밖에서 보면 갑작스러운 변덕으로 보일 수도 있지만, 라투르 이론의 변천을 내재적으로 따라가면 상당히 필연적으로 보인다. 라투르는 생태정치의 긴급성에 직면하면서 점점 더 마르크스를 필요로 하게 되었던 것이다.

지금까지 나는 라투르의 변화하는 정치관을 큰 붓으로 거칠게 그려냈다. 다분히 정치적으로 기울어진 해석이지만, 이런 해석에 힌트를 주는 것은 라투르 정치관의 궤적 자체다. 정리해보자. 이 책에서 살펴본 초기 라투르는 왜 사회가 점점 혼합물을 증가시키는 방향으로 '발전'하는지 통찰했다. 그것은 한편으로는 더 커지려는 행위자들의 권력투쟁이 낳은 결과로, 다른 한편으로는 사회를 더 안정적이고 견고하게 만드는 방편으로 이해되었다. 중기 라투르는 증가한 혼합물이 위기와 재난으로 돌아온다는 것을 인지하고 '하이브리드'를 공적인 지식과 정치의 사안으로 만들어 그 증식을 규제해야 한다고 주장했다. 후기 라투르는 더 나아가 의회주의적 숙의와

「생산 대 생성」, pp. 109~22 참조.

규제만으로는 충분치 않으며, 녹색 계급의 조직화된 투쟁이 필요함을 갈파했다. 그런데 녹색 계급은 누구에 맞서 투쟁하는가? 바로 이 지점에서 후기 라투르와 초기 라투르는 뫼비우스 띠처럼 연결된다. 녹색 계급은 탄소·화석 경제라는 거대한 블랙박스 위에 걸터앉아 있는 "거대한 리바이어던"들에 대항하여 투쟁한다. 그리고 그 투쟁을 위해, 우리는 거대한 리바이어던을 분해할 수 있어야 한다.

아마 오늘날의 위기와 재난, 불평등을 헤쳐가기 위해서는 라투르주의와 마르크스주의의 어울리지 않는 결합이 필요하지 않을까. 어쨌든 나는 모순이 많아 보이는 라투르 정치관의 발자취를 따라갈 때 더 풍부한 내용이 발견되고, 기후 운동의 필요성과 가능성을 더 잘 사고하게 될 것이라고 믿는다.

P.S.

요즘 AI 때문에 곳곳에서 야단이다. 특이점을 넘어선 AI가 인간의 노동과 활동 전반을 대체할 것이라 한다. 어쩌면 곧 「연결」의 〈그림1〉(p. 74)에 그려진 근대 산업사회보다 더욱 가파른 선으로 표시될 새로운 사회가 도래할지 모른다. 실로 조만간 그렇게 될 수도 있겠지만, 그 때문에 인간의 고유성을 잃을까 불안에 떨 필요는 없다. 그 고유성이 애초에 실체가 없기 때문이다. 그보다 라투르의 독자로서 우리는 이렇게 물어야 할 것이다. AI 산업은 얼마나 많은 물질과 상징과 노동에 의존하는가, 그리고 얼마나 많은 하이브리드를 보이지 않게 증식시키는가? AI 데이터센터를 유지하려면 그야말로 막대한 물과 전기가 필요하고, 엄청난 양의 반도체가 필요하다. 그리고 그 반도체를 위해 막대한 광물이 파헤쳐진다. 채굴과 생산, 소비와 유통의 과정에서 생기는 환경적 부하는 이미 한계에 달한 '가이아'가 감당할 수 없다. 이 사실을 가리기 위해 또 얼마나 많은 홍보와 소문, 이념과 믿음, 획책, 투자금이 필요할까? 아마 AI 산업에 필요한 전력을 감당하느라 원자력발전소가 더 많이 지어질 것이고, 큰 에너지를 소모하는 GPU를 더 효율적인 장치로 대체할 수도 있다. 환경적 제약을 돌파하기 위한 개발과 "혁신"은 어떤 거시 행위자(가령 구글)를 더욱 거대하게 만드는 만큼 다시 거대한 위기를 낳을 텐데, 위험은 그 과정에 동원되고 연루되는 행위자들에게 평등하게 부과되지 않을 것이다.

AI 발전의 가장 나쁜 측면은, AI가 오늘날의 '군주'(빅테크 기업)가 가진 권력과 그것이 만드는 비대칭성을 거의 돌이킬 수 없게 고착화하는 강력한 '번역 기계'가 될 수 있다는 점이다. '기술'이 사회와 단절되어 어둡게 가려져 있다면 그 변화를 파악하고 규제하기도 힘들어진다. AI와 4차 산업혁명으로 떠들썩한 이 시기에, 「군주론」의 "기술 민주주의"에 대한 호소는 생생한 울림을 준다.

나는 5년 전쯤 라투르를 공부하기로 작심하고 라투르의
저작과 그에 대한 글을 닥치는 대로 읽기 시작했다. 독학의 과
정에서 여러 글을 번역해뒀다. 문학과지성사에서 책을 내기
로 하면서, 거칠게 해뒀던 번역을 다시 검토했다. 출간 제안
을 받아준 문학과지성사에 감사하다. 최선을 다해 번역을 점
검해주신 홍근철 편집자께도 진심으로 감사드린다.

　　마지막으로, 여기 실린 논문들은 사회학이라는 학문을
발본적으로 비판하고 있다. 그런데 나는 사회학 전공자가 아
니고 사회학을 잘 모른다. 번역을 검토하는 과정에서 사회학
연구자 김효민, 서준상, 조민서의 도움을 받았다. 이 해박하
고 다정한 동료들 덕분에 실수투성이의 번역을 점검할 수 있
었을 뿐 아니라 지적으로 큰 자극이 되는 대화의 기회를 누렸
다. 그들의 도움이 없었더라면 내가 이 논문들을 번역 출간하
리라고는 꿈도 꿀 수 없었을 것이다. 그들에게 말로는 다 전할
수 없는 감사의 인사를 보낸다. 분에 넘치는 도움과 배려가 있
었음에도 수련이 짧은 번역자의 미진함 탓에 번역에 부족함
이 많을 것으로 안다. 많은 독자의 꾸지람을 청한다.

2026년
이희우

옮긴이 이희우

문학평론가. 2021년 『문학과사회』에 평론을 발표하며 활동을 시작했다.
쓴 논문으로 「매력의 미학사: 칸트에서 랑시에르까지」(2025)가
있으며, 옮긴 글로 「왜 비판은 힘을 잃었는가? 사실의 문제에서 관심의
문제로」(2023)가 있다.

채석장

거대한 리바이어던을 분해하기

제1판 제1쇄 2026년 4월 14일

지은이 브뤼노 라투르, 미셸 칼롱, 셜리 스트럼
옮긴이 이희우
펴낸이 이광호
주간 이근혜
편집 홍근철
펴낸곳 ㈜문학과지성사
등록번호 제1993-000098호
주소 04034 서울 마포구 잔다리로7길 18 (서교동 377-20)
전화 02)338-7224
팩스 02)323-4180(편집) 02)338-7221(영업)
대표메일 moonji@moonji.com
저작권 문의 copyright@moonji.com
홈페이지 www.moonji.com

ISBN 978-89-320-4521-4 93300